동양북스 외국어
베스트 도서
700만 독자의 선택!

새로운 도서,
다양한 자료
동양북스
홈페이지에서
만나보세요!

www.dongyangbooks.com
m.dongyangbooks.com

※ 학습자료 및 MP3 제공 여부는 도서마다 상이하므로 확인 후 이용 바랍니다.

홈페이지 도서 자료실에서 학습자료 및 MP3 무료 다운로드

PC

❶ 홈페이지 접속 후 도서 자료실 클릭
❷ 하단 검색 창에 검색어 입력
❸ MP3, 정답과 해설, 부가자료 등 첨부파일 다운로드
  * 원하는 자료가 없는 경우 '요청하기' 클릭!

MOBILE

* 반드시 '인터넷, Safari, Chrome' App을 이용하여 홈페이지에 접속해주세요. (네이버, 다음 App 이용 시 첨부파일의 확장자명이 변경되어 저장되는 오류가 발생할 수 있습니다.)

❶ 홈페이지 접속 후 ☰ 터치

❷ 도서 자료실 터치

❸ 하단 검색창에 검색어 입력
❹ MP3, 정답과 해설, 부가자료 등 첨부파일 다운로드
  * 압축 해제 방법은 '다운로드 Tip' 참고

가장 쉬운 독학 태국어 첫걸음

지은이 **옹지인**

동양북스

가장 쉬운 독학 태국어 첫걸음

초판 5쇄 발행 | 2023년 7월 5일

지은이 | 옹지인
발행인 | 김태웅
편 집 | 김현아
디자인 | 남은혜, 김지혜
마케팅 | 나재승
제 작 | 현대순

발행처 | (주)동양북스
등 록 | 제 2014-000055호
주 소 | 서울시 마포구 동교로22길 14 (04030)
전 화 | (02)337-1737
팩 스 | (02)334-6624

www.dongyangbooks.com
blog.naver.com/dymg98

ISBN 979-11-5768-413-7 13730

이 도서의 국립중앙도서관 출판예정도서목록(CIP)은 서지정보유통지원시스템 홈페이지(http://seoji.go.kr)와
국가자료공동목록시스템(http://www.nl.go.kr/kolisnet)에서 이용하실 수 있습니다.
(CIP제어번호:CIP2018021846)

태국은 대륙부 동남아시아와 해양부 동남아시아를 잇는 지리적 위치를 차지하고 있습니다. 최근 아세안 국가들과 관계의 중요성이 높아지면서 태국어 학습에 대한 관심도 높아지고 있지요. 태국어를 시작할 때, 태국어의 독특한 문자와 성조로 인해 기초 단계에서 어려움을 느끼는 경우가 많습니다. 그러나 자모음과 성조 부분만 마스터한다면, 문장구조가 어렵지 않아 곧 쉽게 문장을 구성해서 대화할 수 있게 됩니다.

〈가장 쉬운 독학 태국어 첫걸음〉은 태국어를 처음 시작하는 분들이 혼자서도 태국어를 익힐 수 있도록 구성하였습니다. 가장 어렵게 느껴지는 태국어 발음을 쉽게 따라할 수 있도록 한국어 발음과 성조를 함께 표기하였고, 원어민의 발음을 수록한 데이터 CD도 제공합니다. 까다로운 글자쓰기를 연습할 수 있도록 쓰기 노트도 제공됩니다. 각 과마다 학습하고 난 뒤 연습문제를 통해 자신이 학습한 것을 얼만큼 이해하였는지 확인할 수도 있습니다.

〈가장 쉬운 독학 태국어 첫걸음〉에서 제공하는 여러 가지 부록과 함께 태국어 공부를 시작하신다면 읽고 쓰기는 물론 말하기와 듣기 실력도 함께 향상시킬 수 있을 것입니다. 즐거운 태국어 학습이 되시길 바랍니다.

저자 옹지인

차례

가장 쉬운 독학 태국어 첫걸음은 다음과 같이 구성됩니다.
본책을 중심으로 학습하면서 핸드북과 쓰기노트, 그리고 CD도 활용하세요.

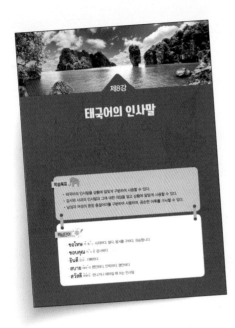

 학습목표

단원이 시작할 때마다 학습목표를 확인하세요.
어떤 내용을 배울지 미리 알아볼 수 있습니다.

 **핵심단어**

본문 핵심 단어를 모아서 정리했습니다.
본문 내용을 모두 학습하고 다시 한 번
핵심단어를 확인해 보세요.

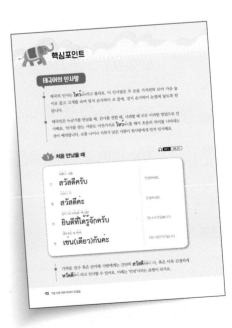

 핵심포인트

태국어 문법과 표현의 핵심포인트를 배우는
코너입니다. 자세한 설명과 회화문으로
태국어를 기초부터 차근차근 배워 보세요.

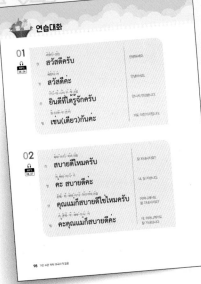

연습대화

01
สวัสดีครับ
สวัสดีค่ะ
ยินดีที่ได้รู้จักครับ
เช่น(เดียว)กันค่ะ

02
สบายดีไหมครับ
ค่ะ สบายดีค่ะ
คุณแม่ก็สบายดีใช่ไหมครับ
ค่ะคุณแม่ก็สบายดีค่ะ

연습대화

핵심포인트에서 배운 내용을 회화문으로
복습합니다. 원어민이 녹음한 MP3 파일을
들으며 따라해 보세요.

연습문제

앞에서 배운 내용을 확인하는 코너입니다.
연습문제를 통해 스스로 실력을 점검해 보세요.

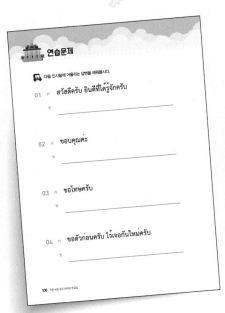

연습문제

다음 인사말에 어울리는 답변을 채워봅시다.

01 สวัสดีครับ ยินดีที่ได้รู้จักครับ
ข _____

02 ขอบคุณค่ะ
ข _____

03 ขอโทษครับ
ข _____

04 ขอตัวก่อนครับ ไว้เจอกันใหม่ครับ
ข _____

이 책의 구성

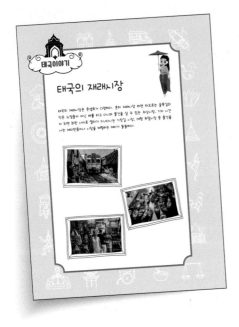

태국이야기

태국의 지역, 문화에 대해 알아보는
코너입니다. 잠깐 쉬어가는 기분으로 가볍게
읽어 보세요.

단어 알아보기!

โทษที 토ㅅ 티- 미안해 | **ขอประทานโทษ** 커- 쁘라타-ㄴ 토ㅅ 정말 죄송합니다 | ข
죄드립니다

단어 알아보기!

문에서 꼭 알아야 할 단어와
표현을 정리했습니다.

질문있어요!

Q 태국어에는 성에 따른 변화가 없다고 하지 않았나요?

A 물론 태국어에서는 성에 따른 변화가 없습니다. 그러므로 나 자신이 남성이면 **ครับ** 크랍
며 ㅇㅇ 카 / ㅇㅇ 카를 사용하며 되ㅣ다 변화를 줄 필요가 없습니다.

질문있어요!

태국어를 배우며 궁금한 점에
대해 묻고 답하는 코너입니다.

쓰기노트

태국어 글씨를 연습할 수 있게
쓰기노트를 제작했습니다.
태국어 문자는 복잡해 보이지만
자주 연습하면 익숙해질 수
있습니다.

핸드북

태국어 문자와 발음편, 그리고 본문
핵심단어를 모아 핸드북을 제작했습니다.
가볍게 가지고 다니면서 연습해 보세요

MP3 다운로드

원어민의 발음으로 녹음된 MP3를 제공합니다.
동양북스 홈페이지 자료실에서 무료로 다운로드 받으세요.

동영강 강의

동양북스 홈페이지(www.dongyangbooks.com)에서 무료 동영상 강의를 이용할 수 있습니다.

학습플랜

Day 1	월 일	Day 2	월 일	Day 3	월 일
☐ 제1강 + 쓰기노트 P.3		☐ 제2강 + 쓰기노트 P.5		☐ 제3강 + 쓰기노트 P.7	

Day 7	월 일	Day 8	월 일	Day 9	월 일
☐ 제7강		☐ 제1강~제7강 복습		☐ 제8강	

Day 13	월 일	Day 14	월 일	Day 15	월 일
☐ 제12강		☐ 제13강		☐ 제14강	

Day 19	월 일	Day 20	월 일	Day 21	월 일
☐ 제17강		☐ 제18강		☐ 제19강	

Day 25	월 일	Day 26	월 일	Day 27	월 일
☐ 제22강		☐ 제23강		☐ 제24강	

10

Day 4	월 일	Day 5	월 일	Day 6	월 일
☐ 제4강 + 쓰기노트 P.12		☐ 제5강		☐ 제6강	

Day 10	월 일	Day 11	월 일	Day 12	월 일
☐ 제9강		☐ 제10강		☐ 제11강	

Day 16	월 일	Day 17	월 일	Day 18	월 일
☐ 제8강~제14강 복습		☐ 제15강		☐ 제16강	

Day 22	월 일	Day 23	월 일	Day 24	월 일
☐ 제20강		☐ 제15강~제20강 복습		☐ 제21강	

Day 28	월 일	Day 29	월 일	Day 30	월 일
☐ 제25강		☐ 제26강		☐ 제21강~제26강 복습	

태국(Thailand)

수도 | 방콕

면적 | 513,120km²

인구 | 약 69,183,000명 (2018 통계청 기준)

GDP | 4,837억$ 세계26위 (2018 IMF 기준)

종교 | 불교 95%, 기타 (이슬람교, 기독교 등)

제1강

태국어의 자음
(중자음)

학습목표

- 태국어 말하기, 쓰기에서 유의할 점을 이해하고 구분지을 수 있다.
- 태국어의 중자음(9자)를 태국어 글쓰기 방법에 따라 올바르게 쓸 수 있다.
- 태국어의 중자음(9자)의 각 이름, 음가를 구분하여 올바르게 발음할 수 있다.

핵심포인트

태국어의 특징

● 타이문자는 태국의 최초 통일 왕조인 쑤코타이 왕조의 제3대 왕인 '람캄행 대왕'에 의해 1283년 경 만들어졌습니다. 이후 발전과 변화를 거듭하여 현재의 태국어 글자가 되었습니다. 태국어는 성, 수, 격, 그리고 시제, 서법, 태에 따른 어형 변화가 없습니다. 따라서 기본적인 문형만 익히고 있다면, 초보자라도 문장을 만들기 어렵지 않습니다.

● 태국어 글쓰기를 할 때 독특한 점은 문장 내 띄어쓰기, 문장부호를 사용하지 않는다는 것입니다. 태국어 문장에서는 기본적으로 한국어 문장에서 일반적으로 사용하는 마침표, 쉼표, 물음표 등의 문장부호를 사용하지 않습니다. 단 문장과 문장 사이에 띄어쓰기를 함으로써, 한 문장이 끝났음을 나타냅니다.

● 태국어 말하기에서 가장 유의해야 할 점은 성조입니다. 태국어는 5개의 성조 (평성, 1성, 2성, 3성, 4성)를 가진 성조 언어입니다. 또한 태국어의 모음은 장, 단모음이 대부분 짝을 이루고 있습니다. 자음이 속한 그룹, 모음의 장, 단음 구분에 따라서 성조 규칙이 다르게 적용될 수 있습니다. 대부분의 성조 언어와 마찬가지로 성조가 달라지면, 뜻이 달라질 수 있으므로 성조를 유의해서 발음하도록 해야 합니다.

● 마지막으로, 태국어에는 한국어와 마찬가지로 높임말과 존대 어휘가 있으므로 상황과 격식에 맞게 구분해서 사용하도록 연습해야 합니다. 이 책에서는 정중한 말하기를 기본 문형으로 배울 것입니다. 그러므로 한국어의 '~요/~입니다'와 같은 의미를 나타내는 어조사인 크랍(ครับ)과 카(ค่ะ/คะ)를 문장 마지막에 붙이는 것을 잊지 않도록 합시다.

태국어의 자음

태국어의 자음은 **พยัญชนะ**파얀차나라고 부르며, 모두 44개의 글자로 구성되어 있어요. 단, 3번째 **ฃ**커-쿠엇과 5번째 **ฅ**커-콘, 이 두 개의 글자는 현재는 더 이상 사용되지 않기 때문에, 42개의 글자만 외우도록 해요.

🎧 MP3 01_01

ก	ข	ฃ	ค	ฅ	ฆ	ง	จ
꺼-까이	커-카이	커-쿠엇	커-콰-이	커-콘	커-라캉	응어-응우-	쩌-짜-ㄴ
ฉ	ช	ซ	ฌ	ญ	ฎ	ฏ	ฐ
처-칭	처-차-ㅇ	써-쏘-	처-츠ㅓ-	여-잉	더-차다-	떠-빠딱	터-타-ㄴ
ฑ	ฒ	ณ	ด	ต	ถ	ท	ธ
터-몬토-	터-푸-타오	너-네-ㄴ	더-덱	떠-따오	터-퉁	터-타하-ㄴ	터-퉁
น	บ	ป	ผ	ฝ	พ	ฟ	ภ
너-누-	버-바이마이	뻐-쁘ㄹㄹㅏ-	퍼-픙	풔-퐈-(f)	퍼-파-ㄴ	풔-퐌(f)	퍼-쌈파오
ม	ย	ร	ล	ว	ศ	ษ	ส
머-마-	여-약	러-르-아	ㄹㄹㅓ-링	워-웨-ㄴ	써-싸-ㄹㄹㅏ-	써-르-씨-	써-쓰-아
ห	ฬ	อ	ฮ				
허-히-ㅂ	ㄹㄹㅓ-쭈ㄹㄹㅏ-	어-아-ㅇ	허-녹후-ㄱ				

태국어 자음의 이름은 '음가-대표 단어'의 형태로 이루어져 있어요. 예를 들어, ก 꺼-까이는 'ㄲ' 발음 음가를 가진 글자이고, 이 글자가 쓰인 대표적인 단어가 '까이(닭)'이라는 것을 의미하는 것이에요.

태국어의 글자는 대부분 동그라미 부분을 가지고 있어요. 따라서, 기본적으로 동그라미 부분부터 시작하여 한 붓 그리기 형식으로 쓰면 된답니다. 자음의 경우, 왼쪽에서 오른쪽으로, 아래쪽에서 위쪽으로 쓰도록 해요.

1. 태국어 자음의 삼분법

앞 장의 태국어 자음은 사전 순서로 나열되어 있어요. 본래 태국어의 44개 자음은 성조 규칙의 적용에 따라 중자음(9글자), 고자음(11 글자), 저자음(24글자)의 세 그룹으로 나눌 수 있어요. 이 그룹은 나중에 배우게 될 성조 규칙에 따라 나눈 것이에요. 따라서 이 책에서는 자음을 사전 순서로 배우지 않을 거예요. 나중에 성조 규칙에 적용하기 쉽도록 3개 그룹으로 나누어서 배워보도록 해요.

태국어는 성조를 가지고 있기 때문에 성조 규칙을 이해하고 규칙에 따라 올바르게 발음하는 것이 의사소통에서 매우 중요해요. 따라서 각 자음이 중자음-고자음-저자음 중 어떤 그룹에 속하는지를 반드시 기억해야 한답니다.

2. 태국어의 중자음

태국어의 중자음은 모두 9개가 있어요.

• ก꺼-까이의 경우, 동그라미가 없는 글자이므로 왼쪽 아래에서 시작해서 오른쪽으로 그립니다.

- **อ**어-아⁻ㅇ의 경우, 초자음에서는 한국어의 'ㅇ'과 같은 음가를 가지지만, 종자음 (받침)으로는 사용되지 않는답니다.

우리 책에서는 r 발음은 한국어 'ㄹ'로, l 발음은 한국어 'ㄹㄹ'로 구분하여 표현하였 어요.

MP3 01_02

글자	이름	대표 단어	초자음 음가	종자음 음가
ก	꺼 – 까이	닭	ㄲ	ㄱ
จ	쩌–짜⁻ㄴ	접시	ㅉ	ㅅ
ฎ	더⁻ 차다⁻	무용수가 쓰는 관	ㄷ	ㅅ
ฏ	떠– 빠딱	창, 장대	ㄸ	ㅅ
ด	더⁻ 덱	어린이, 아이	ㄷ	ㅅ
ต	떠–따오	거북이	ㄸ	ㅅ
บ	버⁻ 바이마이	나뭇잎	ㅂ	ㅂ
ป	뻐– 쁘ㄹㄹㅏ⁻	물고기, 생선	ㅃ	ㅂ
อ	어⁻아⁻ㅇ	대야	ㅇ	–

연습문제

✏️ **쓰기연습** | 중자음 9글자

ก
꺼–까이

จ
쩌– 짜–ㄴ

ฎ
더– 차다–

ฏ
떠– 빠딱

ด
더– 덱

ต
떠– 따오

บ
버– 바이마이

ป
뻐– 쁘ㄹ라–

อ
어– 아–ㅇ

방콕(Bangkok)

태국어로는 끄룽텝(천사의 도시)이라고 한다. 오늘날 방콕은 정치·경제·사회·문화 등 모든 면에 있어서 태국의 중심이다. 행정에 있어서는 방콕에 있는 내무부가 지방행정을 통할하고 있으며, 지방공무원도 중앙에서 임명된다. 전국적인 상거래도 방콕에서 행해지며, 공장건설도 방콕과 그 주변지역에 집중해 있다. 교육에 있어서도 1950년 말까지는 대학이 방콕에만 존재하였다.

제2강

태국어의 자음
(고자음)

학습목표

- 태국어의 고자음 중, 현재 사용되는 10 글자를 태국어 글쓰기 방법에 따라 올바르게 쓸수 있다.
- 태국어의 고자음 중, 현재 사용되는 10 글자의 각 이름, 음가를 구분하여 올바르게 발음할 수 있다.

핵심포인트

태국어의 고자음

태국어의 고자음은 모두 11개가 있어요. 그러나 **ฃ**커-쿠-앗은 더 이상 사용되지 않으므로 총 10개의 글자만 연습하도록 합시다.

- **ฐ**터-타-ㄴ의 경우의 위, 아래 부분을 한 붓 그리기로 쓸 수 없답니다. 윗부분과 아랫부분을 나누어서 그리되 윗부분을 먼저 그리면 돼요. 아래 받침 부분은 오른쪽 동그라미에서 시작해서 왼쪽으로 그린답니다.

- **ศ**써-싸-ㄹㄹ라, **ษ**써-르-씨-, **ส**써-쓰-아의 경우 역시 한 붓 그리기로 그릴 수 없어요. 바탕이 되는 부분을 먼저 그리고, 일명 꼬리 부분 혹은 중간에 걸쳐진 부분을 나중에 그리면 돼요.

- **ฝ**풔(f)-퐈-(f)는 한국어에는 없는 음가예요. 초자음에서 영어의 [f]와 같은 음가를 가진답니다.

- **ฉ**처-칭, **ผ**퍼-픙, **ฝ**풔(f)-퐈-(f), **ห**허-히-ㅂ는 종자음(받침)으로 사용되지 않아요.

글자	이름	대표 단어	초자음 음가	종자음 음가
ข	커-카이	알, 난	ㅋ	ㄱ
ฉ	처-칭	한 쌍의 작은 금속 악기 (박자를 맞출 때 사용한다)	ㅊ	-
ฐ	터-타-ㄴ	받침	ㅌ	ㅅ
ถ	터-퉁	자루, 봉지, 주머니	ㅌ	ㅅ
ผ	퍼-픙	벌	ㅍ	-
ฝ	풔(f)-퐈-(f)	뚜껑, 덮개	* f	-
ศ	써-싸-ㄹㄹㅏ-	정자	ㅆ	ㅅ
ษ	써-르-씨-	수도자	ㅆ	ㅅ
ส	써-쓰-아	호랑이	ㅆ	ㅅ
ห	허-히-ㅂ	상자	ㅎ	-

연습문제

✏️ 쓰기연습 | 고자음 10글자

ข
커- 카이

ฉ
처- 칭

ฐ
터- 타-ㄴ

ถ
터- 퉁

ผ
퍼- 픙

ฝ
ฟอ(f) - ฝา - (f)

ศ
써- 싸-ㄹㄹ ㅏ-

ษ
써- 르-씨-

ส
써- 쓰-아

ห
허- 히- ㅂ

파타야(Pattaya)

* 태국어 발음: 팟타야

방콕에서 동남쪽으로 145km 떨어진 곳에 있는 휴양지이다. 아름다운 모래사장, 청정하고 따뜻한 바닷물과 더불어 연중 내내 윈드서핑, 수상스키, 스노클링, 등 각종 해양 스포츠를 즐길 수 있고, 밤의 여흥과 갖가지 음식, 풍부한 과일, 다양한 쇼핑센터 등 천의 얼굴로 관광객들을 즐겁게 해준다. 또한 파타야 주변의 삭섬, 란섬 등 아름다운 섬들과 여러 휴양지 및 다양한 볼거리들은 보다 한적한 곳에서 휴가를 즐기려는 가족 단위의 관광객들에게도 최적의 휴양 장소이다.

제3강

태국어의 자음 (저자음)

학습목표

- 태국어의 저자음 중, 현재 사용되는 23 글자를 태국어 글쓰기 방법에 따라 올바르게 쓸 수 있다.
- 태국어의 저자음 중, 현재 사용되는 23 글자의 각 이름, 음가를 구분하여 올바르게 발음할 수 있다.
- 태국어의 저자음을 짝음자음과 홀음자음으로 구분하고, 성조 규칙에 적용할 수 있다.
- 태국어의 종자음(받침) 음가를 구분하고, 분류할 수 있다.

핵심포인트

태국어의 저자음

1. 태국어의 저자음

태국어의 저자음은 모두 24개가 있어요. 이 중 **ฅ**커-콘은 더 이상 사용되지 않으므로, 총 23개의 글자를 연습하도록 합시다.

- **ธ**터-퉁의 경우, 동그라미가 없는 글자이므로 왼쪽 아래에서 시작해서 오른쪽으로 그려요.

- **ญ**여-잉의 경우, 위, 아래 부분을 한 붓 그리기로 그릴 수 없으므로 한 붓 그리기로 윗부분을 먼저 그리고 아랫부분을 나중에 그립니다.

- **ญ**여-잉의 발음은 한국어에는 없는 음가로 초자음에서 영어의 [y(이)]와 같은 음가를 가진답니다. 다만, 종자음(받침)으로 사용될 때는 한국어의 'ㄴ' 받침과 같은 소리가 나요.

> [y]음가는 한국어의 '이' 발음과 같다고 생각하면 된답니다. 한국어에서는 이 음가가 모음으로 분류되지만 태국어에서는 반모음으로 분류됩니다.

- **ฟ**풔(f)-환(f)은 한국어에는 없는 음가로 초자음에서 영어의 [f]와 같은 음가를 가집니다.

- **ง**응어(ŋ)-응우- 역시 초자음에서 활용될 때는 한국어에는 없는 음가예요. 초자음에서 영어의 [ng]와 같은 음가를 가져요. 다만, 종자음(받침)으로 사용될 때는 한국어의 'ㅇ' 받침과 음가가 같아요.

- **ฏ**터-론토-는 초자음에서 [ㅌ] 혹은 [ㄷ]으로 발음될 수 있어요. 따라서 나중에 단어를 외울 때 어떤 발음으로 읽을지 구분해서 외워야 한답니다.

- ว워-웨-ㄴ의 발음은 한국어에는 없는 음가로 초자음에서 영어의 [w(우)]와 같은 음가를 가진답니다. 종자음(받침)으로 사용될 때도 한국어의 '우' 와 같은 소리가 나요.

[w] 음가는 한국어의 '우' 발음과 같다고 생각하면 된답니다. 한국어에서는 이 음가가 모음으로 분류되지만 태국어에서는 반모음으로 분류됩니다.

- ฌ처-츠ㅓ-, ฑ터-몬토-, ฮ허-녹후-ㄱ의 경우, 종자음(받침)으로 사용되지 않아요.
- ร러-르-아, ล ㄹㄹㅓ-링, ฬ ㄹㄹㅓ-쭈ㄹㄹㅏ-의 경우, 종자음(받침)으로 사용될 때 한국어의 'ㄴ'과 같이 발음돼요. 태국어에는 'ㄹ' 받침이 없기 때문이지요.

🎧 **MP3** `03_01`

글자	이름	대표 단어	초자음 음가	종자음 음가
ค	커-콰-이	물소	ㅋ	ㄱ
ฅ	커-라캉	종	ㅋ	ㄱ
ง	응어-(ŋ)-응우-	뱀	*응(ŋ)	ㅇ
ช	처-차-ㅇ	코끼리	ㅊ	ㅅ
ซ	써-쏘-	사슴	ㅆ	ㅅ
ฌ	처-츠ㅓ-	나무, 수목	ㅊ	—

ญ	여-잉	여자, 여성	* y	*ㄴ
ฏ	터-몬토-	여자 이름 (태국 문학 「라마끼얀」에 나오는 인물의 이름)	ㅌ, ㄷ	─
ฒ	터-푸-타오	노인, 어르신	ㅌ	ㅅ
ณ	너-네-ㄴ	동자승	ㄴ	ㄴ
ท	터-타하-ㄴ	군인	ㅌ	ㅅ
ธ	터-통	깃발	ㅌ	ㅅ
น	너-누-	쥐	ㄴ	ㄴ
พ	퍼-파-ㄴ	(다리가 있는 태국식) 쟁반	ㅍ	ㅂ
ฟ	훠-(f)-환-(f)	이빨, 치아	* f	ㅂ
ภ	퍼-쌈파오	돛단배	ㅍ	ㅂ
ม	머-마-	말	ㅁ	ㅁ
ย	여-약	도깨비	* y	*이

ร	러- 르-아	배	ㄹ(r)	*ㄴ
ล	르ㄹ ㅓ-링	원숭이	ㄹㄹ(l)	*ㄴ
ว	워- 왜-ㄴ	반지	* w	*우
ฬ	르ㄹㅓ-쭈ㄹ라-	(태국식) 연	ㄹㄹ(l)	*ㄴ
ฮ	허- 녹후-ㄱ	부엉이	ㅎ	-

 PLUS

반자음/반모음인 Y(이)와 W(우) 음가

ญ, ย의 Y(이) 음가와 ว의 W(우)는 태국어에서 반모음으로 분류됩니다. 그러나 한국어에서는 모음으로 취급하지요. 그래서 한국인은 태국어의 자음 Y(이)가 모음 '이/이-'와 결합하거나, W(우)가 모음 '우/우-'와 결합하였을 때 발음하기 어렵게 느낄 수 있어요.

태국어에서는 Y(이)와 W(우)가 모두 자음으로 분류되기 때문에 일반적인 '자음 + 모음'의 결합처럼 생각하고 발음하면 됩니다.

2. 저자음의 짝음자음/홀음자음

저자음(24글자)은 다시 짝음자음과 홀음자음으로 나누어져요.

짝음자음은 고자음에 같은 음가를 가지고 있어 음가가 짝을 이루는 자음이에요. 반면 홀음자음은 고자음 등 다른 자음군에 짝을 이루는 음가가 없는 자음을 말한답니다.

• 저자음의 짝음자음(14글자)

고자음과 저자음은 서로 다른 성조 규칙이 적용돼요. 그래서 고자음만으로는 만들 수 없는 성조(평성과 3성), 저자음만으로는 만들 수 없는 성조(1성과 4성)가 각각 생기게 되죠. 이 때 고자음과 저자음의 짝음자음을 활용하여, 그 음가의 5개의 성조를 모두 만들 수 있답니다.

음가	고자음	저자음
ㅋ	ข, (ฃ)	ค, (ฅ), ฆ
ㅊ	ฉ	ช, ฌ
ㅆ	ศ, ษ, ส	ซ
ㅌ	ฐ, ถ	ฑ, ฒ, ท, ธ
ㅍ	ผ	พ, ภ
f	ฝ	ฟ
ㅎ	ห	ฮ

- 저자음의 홀음자음(10글자)

  홀음자음 10글자는 고자음에 짝을 이루는 음가가 없어요. 그래서 저자음의 홀음
  자음만으로는 5개의 성조를 만들 수 없답니다.

  그래서 중자음 중 **อ**어-아-ㅇ이나 고자음 중 **ห**허-히-ㅂ의 도움을 받아 5개의 성조를
  만들어야 해요. 이러한 성조 규칙에 대해서는 56페이지 성조법에서 자세히 알아
  보도록 합시다.

ง, ญ, ณ, น, ม, ย, ร, ล, ว, ฬ

태국어의 종자음

종자음이란, 한국어의 받침 같은 역할을 하는 것을 의미하죠. 다만, 태국어는 왼쪽 → 오른쪽으로 늘여 쓰기 때문에 마지막 자음이 맨 오른쪽 끝에 오게 돼요. 그래서 이것을 '받침'이라는 말 대신 '종자음'이라고 부른 것이에요.

종자음은 발음을 할 때 목구멍, 입천장, 입술과 같은 조음 기관이 닫히게 되는 사음과 조음 기관이 그대로 열려 있는 생음으로 구분할 수 있어요.

기본적으로 태국어의 종자음은 한국어의 받침과 비슷하지만 다음의 2가지 차이점이 있답니다.

❶ 태국어에는 'ㄹ' 받침이 없다.
　　→ 따라서 초자음에서 'ㄹ(r), ㄹㄹ(l)' 음가를 가진 자음은 종자음으로 쓰일 때 무조건 'ㄴ'으로
　　　 발음돼요.

❷ 태국어에서는 반모음인 Y(이)와 W(우) 음가를 '자음' 또는 '모음'으로 분류한다.
　　→ 따라서, Y(이)와 W(우) 음가도 종자음으로 쓰일 수 있어요.

구분	종자음 음가	해당 자음
사음	ㄱ	ก, ข, ค, ฆ
	ㅅ	จ, ช, ซ, ฌ, ฎ, ฏ, ฑ, ฒ, ด, ต, ถ, ท, ธ, ศ, ษ, ส
	ㅂ	บ, ป, พ, ฟ, ภ
생음	ㅇ	ง
	ㅁ	ม
	ㄴ*	น, ญ*, ณ, ร, ล, ฬ
	이(y)*	ย
	우(w)*	ว

* ญ 여-잉은 초자음에서 Y(이) 음가이지만, 종자음에서는 'ㄴ'으로 사용됩니다.

연습문제

다음 중 종자음으로 사용되었을 때, 사음으로 구분되는 글자와 생음으로 구분되는 글자를 구분해봅시다.

ก, ข, ค, ฆ, ง, จ, ช, ซ, ญ, ฎ, ฏ, ฐ, ฑ,
ฒ, ณ, ด, ต, ถ, ท, ธ, น, บ, ป, พ, ฟ, ภ
ม, ย, ร, ล, ว, ศ, ษ, ส, ฬ

사음 ㄱ _____

ㄴ _____

ㄷ _____

생음 ㅁ _____

ㅇ _____

ㄴ _____

Y(이) _____

W(우) _____

다음 중 같은 음가를 가진 자음끼리 짝을 지어봅시다.

ฒ, ข, ช, ศ, ฆ, ส, ค, ฌ, ฐ, ถ, ฌ, ฟ, ห,
ฝ, ษ, ฮ, พ, ฦ, ฑ, ธ

음가	고자음	저자음
ㅋ		
ㅊ		
ㅆ		
ㅌ		
ㅍ		
f		
ㅎ		

✏️ 쓰기연습 │ 저자음 23글자

ค												
커- 콰-이												

ฆ												
커- 라캉												

ง												
응어-(ŋ)- 응우-												

จ												
처- 차-ㅇ												

ฉ												
써- 쏘-												

ฌ												
처-츠ㅓ-												

ญ												
여-잉												

ฎ												
터-몬토-												

ฏ												
터-푸-타오												

ณ												
너-네-ㄴ												

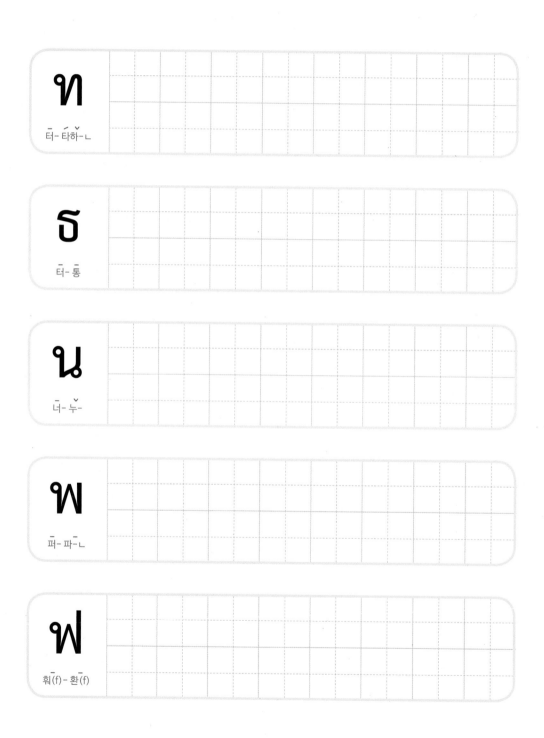

ท
ถ - ตาฮ๋ - ㄴ

ธ
ㅌㅓ- 통

ณ
ㄴㅓ- 누̆-

พ
ㅍㅓ- ㅍㅏ- ㄴ

ฟ
풔(f)- 환(f)

ภ
퍼- 쌈파오

ม
머- 마-

ย
여- 약

ร
러- 르-아

ล
르러- 링

ง

워- 왜ˇ-ㄴ

ฬ

ㄹㄹㅓ- 쭈ˋ ㄹㄹㅏ-

ฮ

허- 녹후-ˆㄱ

제4강

태국어의 모음

학습목표

- 태국어의 모음(32자)를 태국어 글쓰기 방법에 따라 올바르게 쓸 수 있다.
- 태국어의 모음을 단–장음의 길이에 따라 구별하고, 올바르게 발음할 수 있다.
- 지금까지 배운 자음과 모음을 결합하여 태국어 음절을 만들고, 발음할 수 있다.

핵심포인트

태국어의 모음

● 태국어의 모음은 '**สระ**싸라'라고 불러요. 모음은 모두 32개의 글자가 있어요. 이 중 24개는 단음과 장음이 짝을 이루고 있답니다. 나중에 배우게 될 성조 규칙에서 모음이 단음인지 장음인지에 따라 적용되는 성조 규칙이 다를 수 있기 때문에 처음 모음을 배울 때 단음-장음을 확실히 구분해두어야 해요. 단, 단음-장음 짝을 이루지 않은 25-28번째 모음은 모두 단음으로 발음한답니다.

● 모음도 자음과 마찬가지로 동그라미 부분부터 그리는 것을 기본으로 해요. 단, 동그라미가 없는 경우는 자음과 달리 위에서 아래로, 오른쪽에서 왼쪽으로 그리면 돼요.

● 태국어의 모음은 좌, 우, 위, 아래에 모두 위치할 수 있어요. 그러니까 각 모음이 자음과 함께 사용될 때 어느 위치에 자리하는지도 함께 기억하도록 해요.

🎧 MP3 04_01

단음	발음	장음	발음
◌ะ	아	◌า	아-
◌ิ	이	◌ี	이-
◌ึ	으	◌ือ	으-
◌ุ	우	◌ู	우-

เ◌ะ	에	เ◌	에-
แ◌ะ	애	แ◌	애-
โ◌ะ	오	โ◌	오-
เ◌าะ	어	◌อ	어-
เ◌อะ	으ㅓ*	เ◌อ	으ㅓ-*
◌ัวะ	우아	◌ัว	우-아
เ◌ียะ	이아	เ◌ีย	이-아
เ◌ือะ	으아	เ◌ือ	으-아
ไ◌	아이*	ใ◌	아이*
เ◌า	아오*	◌ำ	암*

ฤ	르,리,르ㅓ (r)	ฦ	르-(r)
ฤๅ	르(l)	ฦๅ	르-(l)

 PLUS

주의해야 할 모음

√ ㅣ-ㅇ쯔ㅇㅓ / ㅣ-ㅇ으ㅓ-는 '으'와 '어'의 중간 발음으로 한국어에는 없는 발음이에요. 이중모음이 아니기 때문에 발음하는 과정에서 중간에 입 모양이 바뀌지 않도록 주의합시다.

√ ัวㅇ우-아 / ㅣัยㅇ이-아 / ㅣ◌ือ으-아와 같이 이중 모음인 장모음은 앞부분 음절을 길게 강조해서 발음해요. 뒷부분 음절이 길어지지 않게 주의합시다.

√ ฤ르, 리, 르ㅓ(r) / ฦ르-(r) / ฤๅ르(l) / ฦๅ르-(l)는 모음으로 분류해요. 태국어의 다른 모음은 반드시 초자음과 결합하여 활용되는데, 위의 모음 4개는 이미 초자음이 결합된 형태라고 생각하면 된답니다. 모음이기 때문에 이 글자 뒤에 종자음이 올 수도 있어요.

🎧 MP3 04_02

예시

- ฤดู [รึ ดู] 르두- 계절
- อังกฤษ [อัง กริด] 앙끄릿 영국, 영어
- พฤษภาคม [พรึ สะ พา คม] 프릇싸파-콤 5월
- พฤศจิกายน [พรึ สะ จิ กา ยน] 프릇싸찌까-욘 11월
- ฤษี [รือ สี] 르-씨- 수도자
- ฤทธิ์ [ริด] 릿 신통력, 신력
- ทฤษฎี [ทริด สะ ดี] 트릿싸디- 이론

태국어의 음절

태국어가 음절로서 형태를 갖추기 위해서는 '초자음 + 모음 (+ 종자음) + 유/무형
의 성조'의 조건이 갖추어져야 해요. 즉, 성조는 음절의 필수 조건이지요. 아래는
무형성조 중 평성을 전제로 만든 단어예요.

'초자음 + 모음' 혹은 '초자음 + 모음 + 종자음'으로 결합된 다음 단어들의 발음을
생각해봅시다. 특히, 사용된 초자음이 중, 고, 저자음 중 어느 자음군에 속하는지,
모음은 단음인지 장음인지를 구분하면서 발음해보도록 해요.

1. 초자음 + 모음이 결합된 경우

① มา   ② เอา   ③ นำ   ④ ไอ   ⑤ ฤดู

2. 초자음 + 모음 + 종자음이 결합된 경우

① กาย   ② บิน   ③ ชาญ   ④ ดาว   ⑤ คุณ

답: 1. ① 마-   ② 아오   ③ 남   ④ 아이   ⑤ 르두-

     2. ① 까-이   ② 빈   ③ 차-ㄴ   ④ 다-우   ⑤ 쿤

연습문제

 ① 단음 – 장음 짝을 이루는 모음

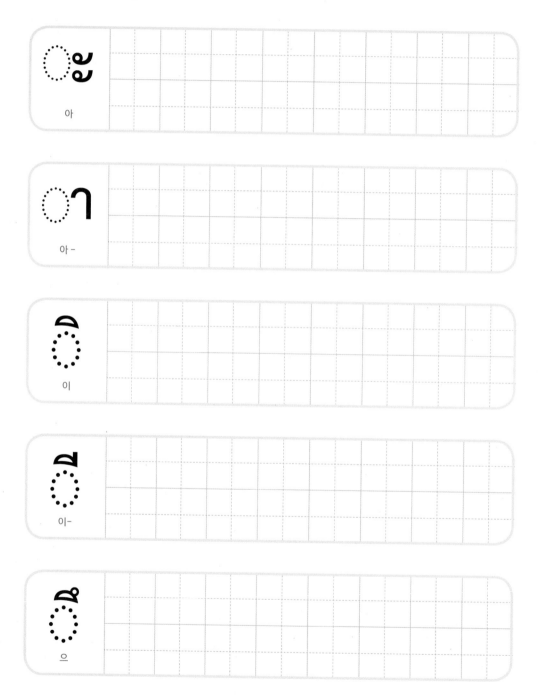

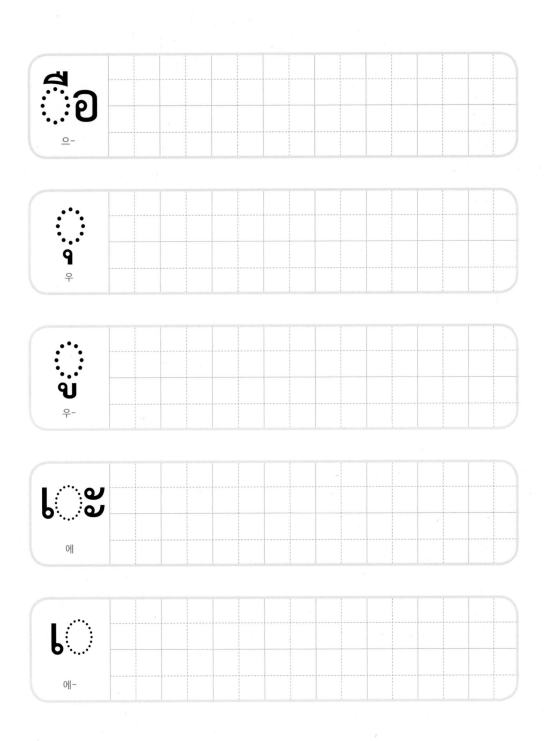

으-

우

우-

에

에-

แอะ

애

แอ

애-

โอะ

오

โอ

오-

เออะ

어

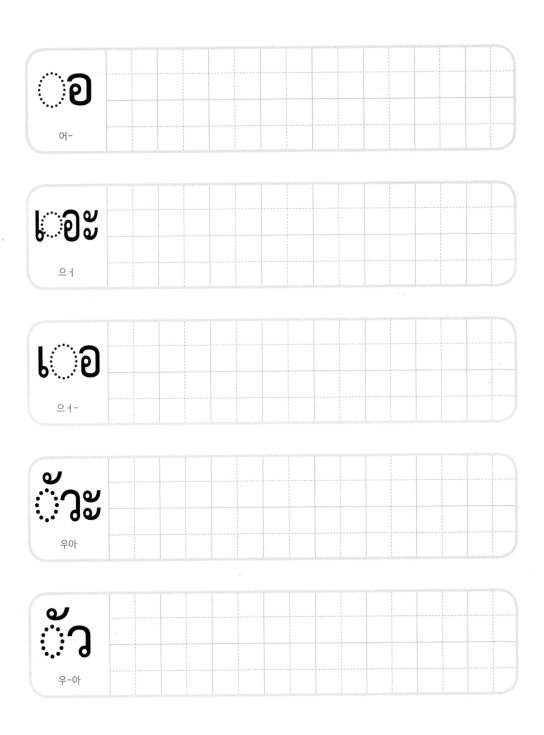

ออ
어-

เออะ
으어

เออ
으ㅓ-

ัวะ
우아

ัว
우-아

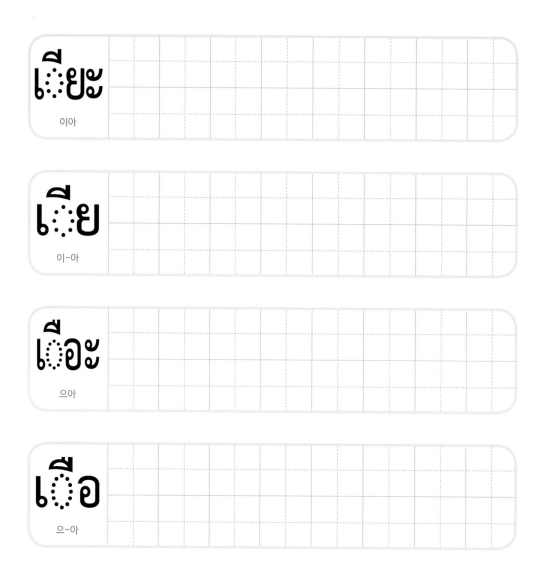

เปียะ
이아

เปีย
이-아

เอียะ
으아

เอีย
으-아

② 단음으로 발음하는 모음

ใ◌
아이

ไ◌
아이

เ◌า
아오

◌ำ
암

 ③ 초자음 없이 쓰이는 모음

ฤ
르, 리, 르ㅓ (r)

ฤๅ
르- (r)

ฦ
르 (l)

ฦๅ
르- (l)

제5강

태국어의 유형성조

학습목표 🐘

- 태국어의 5개 성조를 구분하여 명확하게 발음할 수 있다.
- 태국어의 유형성조를 자모음의 위치와 크기에 비례하여 올바르게 쓸 수 있다.
- 중, 고, 저자음의 유형성조 규칙을 알고, 이를 적용하여 올바르게 발음할 수 있다.

핵심포인트

태국어의 성조

태국어는 – 평성, 1성, 2성, 3성, 4성 – 5개의 성조를 가진 언어예요. 성조에 따라 의미가 달라질 수도 있는 만큼, 성조를 올바르게 발음하는 것이 매우 중요하죠. 그러나 한국어에는 성조가 없기 때문에 어떻게 구분하면 좋을지 어렵게 느껴질 수 있겠죠?

다음과 같이 평소 나의 한국어 발음 톤과 비교해서 태국어를 발음해봅시다.

- 평성 : 평소 자신이 발음하는 한국어의 톤보다 약간 높게 발음해서 유지한다.
- 1성 : 평소 자신이 발음하는 한국어의 톤보다 약간 낮게 시작해서 톤을 더 낮게 떨어뜨린다.
- 2성 : 평소 자신이 발음하는 한국어의 톤보다 높은 음, 즉 평성과 비슷한 높이의 음으로 시작해서 톤을 더 올렸다가 떨어뜨린다.
- 3성 : 평소 자신이 발음하는 한국어의 톤보다 높은 음, 즉 평성과 비슷한 높이의 음으로 시작해서 톤을 더 올린다.
- 4성 : 평소 자신이 발음하는 한국어의 톤보다 높은 음, 즉 평성과 비슷한 높이의 음으로 시작해서 톤을 더 낮게 떨어뜨렸다가 반등하여 다시 올라가도록 한다.

🎧 **MP3** 05_01

평성	1성	2성	3성	4성
—	\	∧	/	∨
마–	마–	마–	마–	마–

태국어의 유형성조

유형성조란 형태가 있는 성조라는 뜻이에요. 다시 말해 성조 부호를 써서 나타내는 경우를 말하죠. 평성은 따로 성조 부호를 가지고 있지 않고, 1, 2, 3, 4성만 성조 부호를 가지고 있어요.

성조 부호는 모음이 좌, 우, 아래에 위치하는 경우에는 자음의 오른쪽 위에 위치해요. 만약 모음이 위에 위치하는 경우에는 그 모음 위에 위치하죠. 자음이나 모음의 크기보다는 약간 작게, 오른쪽으로 치우쳐 그리도록 해요.

1성 부호	2성 부호	3성 부호	4성 부호
◌่	◌้	◌๊	◌๋
◌่	◌้	◌๊	◌๋

자음군에 따른 유형성조 규칙

1. 중자음

중자음은 1, 2, 3, 4성 부호와 모두 결합할 수 있어요. 유형성조가 나타내는 성조 부호를 그대로 따라 발음하면 돼요. 즉, 1성 부호가 있다면 1성, 2성 부호가 있다면 2성, 3성 부호가 있다면 3성, 4성 부호가 있다면 4성으로 각각 발음하죠.

1성 부호	ไก่ 까이	บ่อ 버-	ต่าง 따-ㅇ
2성 부호	ตู้ 뚜-	ป้า 빠-	ได้ 다이
3성 부호	โต๊ะ 또	โจ๊ก 쪼-ㄱ	ก๊อก 꺽

*예외적으로 단모음처럼 짧게 발음해요.

4성 부호	เก๋ 깨-	เดี๋ยว 디-아우	ก๋วยเตี๋ยว 꾸-아이 띠-아우

2. 고자음

고자음은 1, 2성 부호만 결합할 수 있어요. 중자음과 마찬가지로 성조 부호를 그대로 따라 그대로 발음해요. 즉, 1성 부호가 있다면 1성, 2성 부호가 있다면 2성으로 각각 발음해요.

1성 부호	ไข่	ผ่า	ถั่ว
	카이	파-	투-아
2성 부호	ข้า	ห้อง	เสื้อ
	카-	허-ㅇ	쓰-아

3. 저자음

저자음은 1, 2성 부호만 결합할 수 있어요. 단, 성조 부호가 나타낸 성조+1의 성조로 발음해요.

즉, 저자음에 1성 부호가 결합되어 있다면 1+1 = 2성으로 발음하고, 저자음에 2성 부호가 결합되어 있다면, 2+1 = 3성으로 발음해요.

1성 부호	ค่า	พ่อ	แม่
	카-	퍼-	매-
2성 부호	ฟ้า	ช้าง	ม้า
	파-(faa)	차-ㅇ	마-

연습문제

✏️ 성조 부호 1, 2, 3, 4성

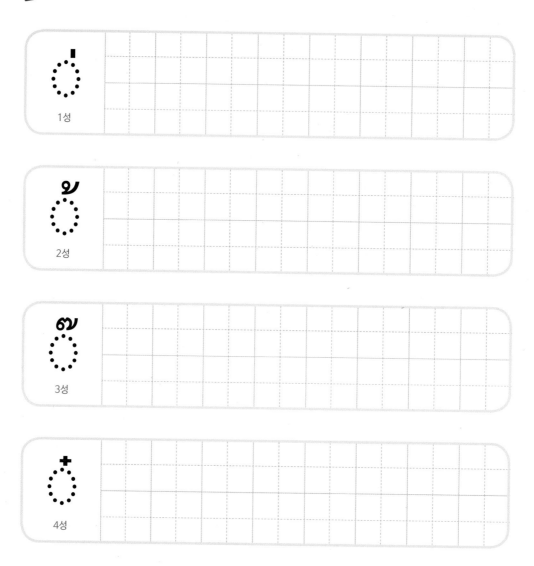

1성

2성

3성

4성

다음의 단어들이 어떻게 발음되는지 한국어로 옮겨봅시다.

단어	초자음	모음	종자음	유형성조	발음
พี่	พ	◌ี	-	◌่	피–
ห้า					
รู้					
ใต้					
ปิ้ง					
แจ๋ว					

เข้า					
ตั๋ว					
เสื้อ					
เกี๊ยว					

제6강

태국어의 무형성조

학습목표

- 종자음이 없을 때의 중, 고, 저자음의 무형성조 규칙을 이해하고 적용할 수 있다.
- 종자음이 있을 때의 중, 고, 저자음의 무형성조 규칙을 이해하고 적용할 수 있다.
- 유형성조와 무형성조의 규칙을 통해 중, 고, 저자음으로 5성조를 올바르게 발음할 수 있다.

핵심포인트

무형성조

● 무형성조란, 유형성조와 달리 특별히 성조를 나타내는 부호 없이 성조를 나타내고 있는 것을 의미해요. 발음해야 할 성조를 알려주는 부호가 없기 때문에 무형성조의 규칙을 반드시 외우고 있어야 해요.

● 무형성조의 규칙은 중, 고, 저자음으로 구분되는 각 자음군이 ① 단모음과 결합되는지 혹은 장모음과 결합되는지, ② 종자음을 가지고 있는지 혹은 아닌지, ③ 만약 종자음을 가지고 있다면 그 종자음이 생음인지 사음인지 이렇게 3가지 경우의 수에 따라 다르게 적용된답니다.

● 태국어의 무형성조 규칙은 다음과 같이 정리할 수 있어요.
기본적으로 무형성조 규칙은 장모음과 생음, 단모음과 사음이 같은 성조 규칙을 갖도록 되어있어요. 단, 저자음과 사음의 종자음이 만났을 때는 예외적으로 모음의 장/단음도 구분해주어야 해요.

[
중자음 + 장모음
중자음 + 단/장모음 + 생음
] ＝ 평성

[
고자음 + 장모음
고자음 + 단/장모음 + 생음
] ＝ 4성

[
저자음 + 장모음
저자음 + 단/장모음 + 생음
] ＝ 평성

┌ 중자음 + <u>단모음</u>
├ 중자음 + 단/장모음 + <u>사음</u>   =   1성

┌ 고자음 + <u>단모음</u>
├ 고자음 + 단/장모음 + <u>사음</u>   =   1성

┌ 저자음 + <u>단모음</u>
├ 저자음 + 단모음 + <u>사음</u>   =   3성

＊저자음 + <u>장모음</u> + <u>사음</u>   =   2성

중자음과 모음이 결합되었을 때의 무형성조 규칙

 MP3 06_01

1. 중자음 + 장모음 = 평성

อ   +   ◌า   =   อา   아-

ป   +   ◌ี   =   ปี   삐-

ด   +   ◌ู   =   ดู   두-

2. 중자음 + 단모음 = 1성

จ   +   ◌ะ   =   จะ   짜

ก   +   เ◌าะ   =   เกาะ   꺼

ด   +   ◌ุ   =   ดุ   두

고자음과 모음이 결합되었을 때의 무형성조 규칙

MP3 06_02

1. 고자음 + 장모음 = 4성

ห + ◌า = หา 하ˇ-

ผ + ◌ี = ผี 피ˇ-

ส + เ◌ือ = เสือ 쓰ˇ-아

2. 고자음 + 단모음 = 1성

ส + ◌ิ = สิ 씨ˋ

ถ + เ◌อะ = เถอะ 터ˋ

ฉ + แ◌ะ = แฉะ 채ˋ

저자음과 모음이 결합되었을 때의 무형성조 규칙

MP3 06_03

1. 저자음 + 장모음 = 평성

ม + ◌ือ = มือ 므－

ช + ◌า = ชา 차－

ง + ◌ู = งู 응우－

2. 저자음 + 단모음 = 3성

น + ◌ะ = นะ 나́

ค + เ◌อะ = เคาะ 커́

พ + แ◌ะ = แพะ 패́

종자음이 있을 때의 각 자음군의 무형성조 규칙

- 종자음이 있을 경우에는, 우선 그 종자음이 '생음'인지 혹은 '사음'인지를 먼저 구분해요.

- 단, 저자음과 종자음 사음이 만났을 때는 모음의 장/단음을 구분지어야 해요.

- 종자음의 생음과 사음 기억나지요?

구분	종자음 음가	해당 자음
사음	ㄱ	ก, ข, ค, ฆ
	ㅅ	จ, ช, ซ, ฌ, ฎ, ฏ, ฑ, ฒ, ด, ต, ถ, ท, ธ, ศ, ษ, ส
	ㅂ	บ, ป, พ, ฟ, ภ
생음	ㅇ	ง
	ㅁ	ม
	ㄴ*	น, ญ*, ณ, ร, ล, ฬ
	이(y)*	ย
	우(w)*	ว

중자음과 종자음이 결합되었을 때의 무형성조 규칙

1. 중자음 + 장/단모음 + 생음 = 평성

จ + ◌า + น = จาน   짜-ㄴ

ก + ◌า + ย = กาย   까-이

ด + ◌ึ + ง = ดึง   등

2. 중자음 + 장/단모음 + 사음 = 1성

ก + ◌อ + ด = กอด   꺼-ㅅ

จ + แ◌ + ก = แจก   째-ㄱ

ป + โ◌ + ด = ปิด   삣

고자음과 종자음이 결합되었을 때의 무형성조 규칙

🎧 MP3 06_05

1. 고자음 + 장/단모음 + 생음 = 4성

ส + ◌า + ว = สาว 싸ˇ우

ห + ◌า + ร = หาร 하ˇㄴ

ข + ◌ิ + ม = ขิม 킴ˇ

2. 고자음 + 장/단모음 + 사음 = 1성

ข + แ◌ + ก = แขก 캐ˋㄱ

ห + ◌ี + บ = หีบ 히ˋㅂ

ฝ + ◌ึ + ก = ฝึก 흑ˋ(feuk)

저자음과 종자음이 결합되었을 때의 무형성조 규칙

🎧 MP3 06_06

1. 저자음 + 장/단모음 + 생음 = 평성

ค + ◌ุ + ณ = คุณ 쿤‾

ย + ◌า + ย = ยาย 야‾이

พ + ◌า + น = พาน 파‾ㄴ

2. 저자음 + 장모음 + 사음 = 2성*

ม + ◌า + ก = มาก 마‸ㄱ

ท + ◌อ + ด = ทอด 터‸ㅅ

ร + เ◌ีย + ก = เรียก 리‸악

3. 저자음 + 단모음 + 사음 = 3성*

ช + ◌ุ + บ = ชุบ 춥́

ค + ◌ิ + ด = คิด 킷́

น + ◌ึ + ก = นึก 늑́

＊ 저자음과 종자음 사음이 결합되었을 때는 모음의 장/단음을 반드시 구분해야 해요!

중, 고, 저자음의 5성조 조합

1. 중자음

중자음은 유형성조 1, 2, 3, 4성을 모두 조합할 수 있기 때문에 중자음만으로도 5성을 모두 만들 수 있어요.

평성	1성	2성	3성	4성
กา	ก่า	ก้า	ก๊า	ก๋า

2. 고자음과 저자음의 짝음자음/홀음자음

저자음 중 '짝음자음'이란, 24개(23개)의 저자음 중에서 고자음에 같은 음가를 가진 저자음 14개를 의미해요. 한편, 고자음에 같은 음가를 갖지 않는 저자음 10개는 '홀음자음'이라고 불러요.

저자음의 짝음자음이에요.

음가	고자음	저자음
ㅋ	ข, (ฃ)	ค, (ฅ), ฆ
ㅊ	ฉ	ช, ฌ
ㅆ	ศ, ษ, ส	ซ
ㅌ	ฐ, ถ	ฑ, ฒ, ท, ธ
ㅍ	ผ	พ, ภ
F	ฝ	ฟ
ㅎ	ห	ฮ

저자음의 홀음자음이에요.

음가	저자음	음가	저자음
Ng	ง	Y	ญ, ย
ㄴ	ณ,น	ㅁ	ม
ㄹ(r)	ร	ㄹㄹ(l)	ล,ฬ
W	ว		

저자음을 왜 짝음자음과 홀음자음으로 나눌까요? 짝음자음과 홀음자음이 5개의 성조를 만드는 방법이 서로 다르기 때문이에요.

우선 짝음자음은 고자음과 서로 도와 5개의 성조를 모두 만들 수 있어요. 즉, 고자음은 유, 무형성조를 모두 활용해도 1, 2, 4성만 조합할 수 있고, 저자음은 유, 무형성조를 모두 활용해도 평성, 2, 3성만 조합할 수 있었죠? 그런데 이러한 한계를 고자음과 저자음의 짝음자음이 서로 도와 아래의 예시와 같이 극복할 수 있어요.

예시 고자음과 저자음의 짝음자음을 활용한 5성조의 조합

	평성	1성	2성	3성	4성
고자음	-	ข่า	ข้า	-	ขา
저자음	คา	-	ค่า	ค้า	-

그렇다면, 저자음의 홀음자음은 5개의 성조를 만들 수 없는 것일까요?

물론 만들 수 있어요. 다만 5개의 성조를 만들기 위해서는 새로운 규칙이 필요하죠.

저자음 중 홀음자음의 5성조 만들기는 다음 7강에서 더 깊이 알아보도록 합시다!

연습문제

✎ 다음 단어들의 성조와 발음을 한국어로 써봅시다.

단어	초자음	모음	종자음	성조	발음
การ	ก	า	ร	평성	까ㅡㄴ
ขาย					
ขิม					
คุณ					
ฉีด					
ชุบ					
นาย					
มาก					
เรียก					
เรือ					

다음 주어진 고자음과 짝음자음을 이용하여, 5성조를 조합해봅시다.
지금까지 배운 유형성조, 무형성조를 모두 활용해야 합니다!

1. ข – ค

	평성	1성	2성	3성	4성
고자음	–	ข่า	ข้า	–	ขา
저자음	คา	–	ค่า	ค้า	–

2. ฉ-ช

	평성	1성	2성	3성	4성
고자음	–	ฉี่			
저자음	ชี	–			

3. ผ-พ

	평성	1성	2성	3성	4성
고자음	–				
저자음	พอ				

4. ศ-ษ

	평성	1성	2성	3성	4성
고자음					
저자음					

제7강

태국어의 기호와
자모음 예외 규칙

학습목표

- 태국어의 각 기호가 사용되는 경우를 알고, 경우에 맞게 사용할 수 있다.
- 태국어의 모음이 종자음을 만났을 때, 형태가 변화되거나 탈락되는 경우를 이해하고 사용할 수 있다.
- 태국어의 자음이 2개 이상 연속되어 나열되는 복합자음의 경우를 이해하고 사용할 수 있다.
- 모음이나 다른 자음과의 결합 없이 홀로 사용되는 예외적인 자음을 알고, 올바르게 발음할 수 있다.

핵심포인트

태국어 기호

🎧 **MP3** 07_01

태국어에는 태국어에서만 활용되는 기호가 있으며 각각 기호마다 다른 기능을 가지고 있어요.

기호	연습	기호 이름과 활용
◌ั	◌ั	**ไม้ไต่คู้** 마이따이쿠- 일부 복잡한 형태의 단모음이 종자음을 만났을 때, 형태를 간략히 변화시키기 위해 활용된다. 자음의 위에 위치하며, 자음보다 조금 작은 크기로 그린다

예시 เด็ก 덱 아이

기호	연습	기호 이름과 활용
ๆ	ๆ	**ไปยาลน้อย** 빠이야-ㄴ너-이 긴 명칭의 뒷부분을 생략하고 짧게 명시하였음을 나타내는 기능을 가진다. 단어의 오른쪽에 위치하며, 자음의 크기와 비슷하게 그린다. 이 기호의 앞뒤에 띄어쓰기를 한다.

예시 กรุงเทพฯ 끄룽테-ㅂ 방콕

기호	연습	기호 이름과 활용
ฯลฯ	ฯลฯ	**ไปยาลใหญ่** 빠이얀-ㄴ야이 나열을 할 때 사용되어 '기타등등'이라는 의미를 나타낸다. **ละ**ㄹㅏ 혹은 **และอื่น ๆ** 래 은으-ㄴ이라고 읽는다. 나열된 단어들의 가장 오른쪽에 위치하며, 자음의 크기와 비슷하게 그린다. 이 기호의 앞뒤에 띄어쓰기를 한다.

예시 **ดิฉันชอบแตงโม มะม่วง ทุเรียน ฯลฯ** 디찬 처-ㅂ 때-ㅇ모- 마무-앙 투리-안 래 은으-ㄴ
나는 수박, 망고, 두리안 등등을 좋아한다.

기호	연습	기호 이름과 활용
ๆ	ๆ	**ไม้ยมก** 마이야목 단어나 구를 반복하여 읽도록 함을 나타내며, 이를 통해 의미의 약화, 의미의 강조, 단수의 복수화를 만드는 기능을 가진다. 단어의 오른쪽에 위치하며, 자음의 크기와 비슷하게 그린다. 이 기호의 앞뒤에 띄어쓰기를 한다.

예시 **เด็ก ๆ** 덱덱 아이들

기호	연습	기호 이름과 활용
์	์	**ไม้ทัณฑฆาต** 마이탄타카-ㅅ 음절을 묵음으로 만드는 기능을 한다. 자음의 위, 혹은 위에 위치하는 모음이 있는 경우 그 모음의 위에 위치한다. 자음 글자보다 조금 작은 크기로 쓴다.

예시 **อาจารย์** 아-짜-ㄴ 교수님

모음의 형태 생략과 변화

모음의 형태가 생략되거나 변화하는 경우가 있어요. 성조 규칙은 모음이 장/단음인지에 따라 그 발음에 맞는 무형성조 규칙을 적용하면 된답니다.

1. 모음의 형태 생략

MP3 07_02

• 단모음 โ-ะ : 종자음이 올 경우 형태가 생략돼요.

ค + โ◌ะ + น = คน 콘

ก + โ◌ะ + บ = กบ 꼽

2. 단모음의 형태 변화

MP3 07_03

• 단모음 –ะ : 종자음이 올 경우 ◌ั-의 형태로 바뀌어요.

ก + ◌ะ + บ = กับ 깝

ข + ◌ะ + น = ขัน 칸

• 단모음의 형태 변화 : ◌็의 활용

① 단모음 เ-าะ : 종자음이 올 경우 ◌็อ의 형태로 바뀌어요.

ล + เ◌าะ + ค = ล็อค 럭

ช + เ◌าะ + ก = ช็อก 척

② 단모음 เ◌ะ : 종자음이 올 경우 เ◌็-의 형태로 바뀌어요.

ด + เ◌ะ + ก = เด็ก ᄃ엑

ช + เ◌ะ + ด = เซ็ด 쳇

③ 단모음 แ-ะ : 종자음이 올 경우 แ◌็-의 형태로 바뀌어요.

ท + แ◌ะ + ก = แท็ก (แท็กซี่) 택씨-

พ + แ◌ะ + ก = แพ็ก (แพ็กเกจ) 팩께-ㅅ

• 장모음의 형태 변화

① 장모음 ◌ือ : 종자음이 올 경우, ◌ื-의 형태로 바뀌어요.

ม + ◌ือ + ด = มืด 므-ㅅ

ค + ◌ือ + บ = คืบ ㅋ-ㅂ

② 장모음 เ-อ : 종자음이 올 경우 เ◌ิ-의 형태로 바뀌어요.

ก + เ◌อ + ด = เกิด 끄ㅓ-ㅅ

ด + เ◌อ + น = เดิน 드ㅓ-ㄴ

③ 장모음 ◌ัว : 종자음이 올 경우 -ว-의 형태로 바뀌어요.

บ + ◌ัว + ช = บวช 부-앗

ข + ◌ัว + บ = ขวบ 쿠-압

복합자음

복합자음은 모음 하나에 초자음이 2개 존재하는 경우를 의미해요. 경우에 따라 초자음 2개가 모두 발음되는 경우도 있고, 그렇지 않은 경우도 있어요. 따라서 ① 선도자음, ② 진성복합자음, ③ 가성복합자음, ④ ร의 활용으로 각각 나누어 알아보도록 합시다.

1. 선도자음   🎧 MP3 07_04

선도자음은 '이끌어주는 자음이 앞에 있다'는 뜻이에요.

- 홀음자음 앞에 고자음 ห허-히-ㅂ이 있는 경우
- 홀음자음 앞에 중자음인 อ어-아-ㅇ이 있는 경우가 있어요.

이렇게 이끌어주는 자음을 덧붙여줌으로써 각각 ห의 고자음, อ의 중자음 성조 규칙을 따를 수 있도록 하는 것이죠. 이때 ห과 อ은 발음하지 않아요. 홀음자음에게 성조 규칙만 빌려주는 거예요.

저자음의 홀음자음 10글자 기억하고 있나요?

• 고자음에 짝을 이루는 음가가 없이 독립적인 음가를 가지고 있는 저자음

Ng	Y	ㄴ	ㅁ
ง	ญ, ย	ณ,น	ม
ㄹ(r)	ㄹㄹ(l)	W	
ร	ล,ฬ	ว	

- **ห + 홀음자음**

저자음의 홀음자음이 고자음 성조 규칙을 따라 발음되도록 하고 **ห**은 발음하지 않아요. **ห**은 단지 성조의 변화를 주기 위한 도우미이죠.

ห은 모든 홀음자음과 결합할 수 있어요

$$ห + ม + อา = หมา \quad \text{ᄆ}\bar{\text{ᅡ}}\text{-}$$

$$ใ + ห + ญ + \dot{} = ใหญ่ \quad \grave{\text{야}}\text{이}$$

- **อ + ย**

저자음의 홀음자음 중 **ย**여-악이 중자음 성조 규칙을 따라 발음되도록 해줘요. **อ**은 발음하지 않아요. **อ** 역시 성조의 변화를 주기 위한 도우미지요.

그런데 **อ**은 홀음자음 중 **ย**만 결합할 수 있어요.

$$อ + ย + อา + ก = อยาก \quad \grave{\text{야}}\text{-}ㄱ$$

$$อ + ย + อู + \dot{} = อยู่ \quad \text{유-}$$

2. 진성 복합자음

🎧 **MP3** 07_05

진성 복합자음 역시 모음 하나에 두 개의 초자음이 있는 형태예요.

두 초자음이 하나의 모음에 연결되어 있으면서 모두 소리를 내기 때문에 '진짜 소리가 난다'라는 의미로 진성 복합자음이라고 부르죠.

진성복합자음의 연속되는 2개의 초자음은 보통 다음의 형태로 나눠질 수 있어요.

□ + ร, ล, ว

이러한 경우에는 첫번째 자음의 성조를 따르도록 해요.

단, 한국어에서는 하나의 모음에 두 개의 초자음이 올 수 없으므로 한국어로 옮길 때에는 마치 첫 번째 자음에 '으'라는 모음을 결합한 것과 같이 표현하지만 성조는 한 개만 발생하겠죠?

그러나 모든 자음이 진성자음의 형태가 되는 것은 아니에요. 다음의 경우에만 활용될 수 있어요.

- 중자음의 진성 복합자음 구성 : **กร-, กล-, กว-, ดร-, ตร-, บร-, บล-, ปร-, ปล-**
- 고자음의 진성 복합자음 구성 : **ขร-, ขล-, ขว-**
- 저자음의 진성 복합자음 구성 : **คร-, คล-, คว-, ทร-, พร-, พล-, ฟร-, ฟล-**

* 색깔 표시 된 부분은 외래어 차용어에서만 나타남

ก + ล + ◌า + ง = กลาง ㄲㅡ-ㄹㄹㅏ-ㅇ → 끌라-ㅇ

ต + ร + (โ◌ะ) + ง = ตรง 뜨-롱

ป + ล + ◌า = ปลา 쁘ㄹㄹㅏ- → 쁠라-

ข + ว + ◌า = ขวา 크와- → 콰-

ค + ร + ◌อ + บ + ค + ร + ◌ัว = ครอบครัว 크러-ㅂ 크루-아

3. 가성 복합자음

가성 복합자음 역시 모음 하나에 두 개의 초자음이 있는 형태예요. 그러나 두 초자음이 전혀 다른 소리로 발음되거나 한 개 자음만 발음하기 때문에 '가짜 소리'라는 의미로 가성 복합자음이라고 부르죠.

• ท + ร

ซ(쎄-쏘-)로 발음하며, 저자음의 성조 규칙을 따라요.

| ทราย | [ซาย] | 싸이 |
| ทรุด | [ซุด] | 쏫 |

* **เทรนด์ [เทรน]** 트렌 = Trends (단, 최근 영어 차용어의 경우는 **ทร** 두 개 자음 모두 각각 발음해요.)

• ซ, ส, ศ + ร

ร(러-르-아)는 묵음이 되며, 첫 번째 자음의 성조에 따라 발음해요.

ซร	ไซร้	[ไซ้]	싸이
สร	สร้าง	[ส้าง]	싸-ㅇ
ศร	เศร้า	[เส้า]	싸오

* 예외 : จร   จริง   [จิง] 찡

4. ร의 활용

• 모음 없는 ☐ ร 형태

ร는 -**อน**^{어-ㄴ}으로 읽어요.

จร	[จอน]	쩌⁻ㄴ
พร	[พอน]	퍼⁻ㄴ
มหานคร	[มะ หา นะ คอน]	마하⁻나커⁻ㄴ

• 모음 없는 ☐ รร 형태

รร는 **อัน**^안으로 읽어요.

บรรทุก	[บัน ทุก]	반툭
บรรพบุรุษ	[บัน พะ บุ หรุด]	반파부룻
สร้างสรรค์	[ส้าง สัน]	싸⁻ㅇ싼

• 모음 없는 ☐ รร ☐ 형태

รร는 **อะ**^아로 읽어요.

กรรม	[กัม]	깜
พรรค	[พัก]	팍
ธรรม	[ธัม]	탐

· บ와 ร,ว,ด

첫 번째 자음인 บ버-바이마이에 모음 -อ어-가 생략된 것으로 발음해요.

그리고 앞, 뒤 각 자음의 성조를 따로 계산해요.

$$บ + ร + \overset{\frown}{○} + ษ + ○ะ + ท \quad = \quad บริษัท \quad 버-리쌋$$

$$บ + ร + \overset{\frown}{○} + บ + (โ○ะ) + ท \quad = \quad บริบท \quad 버-리봇$$

$$อ + ธ + \overset{\frown}{○} + บ + ด + \overset{\frown}{○ี} \quad = \quad อธิบดี \quad 아티버-디-$$

* 예외 : กรกฎ (끄라꼿 X, 까라꼿 X, 꺼라꼿 O)

· 고자음/중자음 + 홀음자음

고자음/중자음 + 홀음자음 형태로 초자음 2개가 연속될 때에는 첫 번째 자음의 성조 규칙을 따르도록 해요.

첫 번째 자음에 -ะ가 생략된 것으로 보고, 앞, 뒤 각 자음의 성조를 따로 계산하되 두 번째 자음이 첫번째 자음 규칙을 따라간답니다.

$$ส + น + ○า + ม \quad = \quad สนาม \quad 싸나-ㅁ$$

(고자음)　(홀음자음) ⟶ { 첫 번째 자음에 -ะ 생략으로 간주 /
고자음의 성조 규칙을 따른다

$$จ + ม + ○ุ + ก \quad = \quad จมูก \quad 짜무-ㄱ$$

(중자음)　(홀음자음) ⟶ { 첫 번째 자음에 -ะ 생략으로 간주 /
고자음의 성조 규칙을 따른다

• 고자음/중자음 + 홀음자음이 아닌 자음(=고자음, 중자음, 짝음자음) 혹은
  저자음 + 저자음의 형태로 초자음 2개가 연속될 때

이러한 경우에는 첫 번째 자음이 두 번째 자음 성조에 영향을 주지 않아요. 따라서
각 자음의 성조 규칙을 따로 따르도록 합니다.

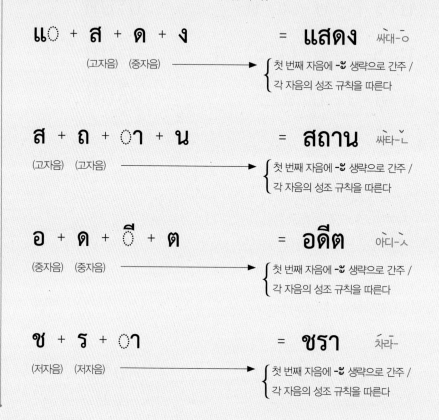

단독으로 사용되는 예외 자음

모든 언어는 기본적으로 자음+모음이 되어야만 발음이 가능해요. 그런데, 태국어는 자음+모음+성조까지 포함돼요. 단, 다음의 3개 자음은 예외지요.

특히 ①, ②는 평소에 많이 사용되는 글자 형태이니 어떻게 발음되는지 꼭 알아두도록 합시다.

① ก็ [ก้อ] 꺼-

② ณ [นะ] 나

③ บ [บ่อ] 버-

연습문제

✏️ 다음의 단어의 올바른 발음과 성조를 쓰세요.

단어	발음	성조
กด		
คน		
กับ		
เล็ก		
ล็อก		
เชิญ		
ทราบ		
อยาก		
หมายเลข		
ครอบครัว		
สนามบิน		
กรรไกร		
จริง		
กว้าง		
สร้าง		

제8강

태국어의 인사말

학습목표

- 태국어의 인사말을 상황에 알맞게 구분하여 사용할 수 있다.
- 감사와 사과의 인사말과 그에 대한 대답을 알고 상황에 알맞게 사용할 수 있다.
- 남성과 여성의 문장 종결어미를 구분하여 사용하며, 공손 표현을 나타낼 수 있다.

핵심단어

- **ขอโทษ** 커̌-토̂-ㅅ 사죄하다, 빌다, 용서를 구하다, 죄송합니다
- **ขอบคุณ** 커̀-ㅂ 쿤 감사하다
- **ยินดี** 인디- 기뻐하다
- **สบาย** 싸바-이 편안하다, 안락하다, 평안하다
- **สวัสดี** 싸왓디- 만나거나 헤어질 때 쓰는 인사말

핵심포인트

태국어의 인사말

- 태국의 인사는 **ไหว้**^{와이}라고 불러요. 이 인사법은 두 손을 가지런히 모아 가슴 높이로 들고 고개를 숙여 엄지 손가락이 코 끝에, 검지 손가락이 눈썹에 닿도록 한답니다.

- 태국인은 누군가를 만났을 때, 감사를 전할 때, 사과할 때 모두 이러한 방법으로 인사해요. 인사를 받는 사람도 마찬가지로 **ไหว้**^{와이}를 해서 호응의 의미를 나타내는 것이 예의랍니다. 보통 나이나 지위가 낮은 사람이 윗사람에게 먼저 인사해요.

 처음 만났을 때 　🎧 MP3 08_01

ก	싸왓디-크랍 **สวัสดีครับ**	안녕하세요.
ข	싸왓디-카 **สวัสดีค่ะ**	안녕하세요.
ก	인디-티-다이루-짝크랍 **ยินดีที่ได้รู้จักครับ**	만나서 반갑습니다.
ข	쳰(디아-우)깐카 **เช่น(เดียว)กันค่ะ**	저도 마찬가지입니다.

- 가까운 친구 혹은 손아래 사람에게는 간단히 **สวัสดี**^{싸왓디}-나, 혹은 더욱 간결하게 **หวัดดี**^{왓디}라고 인사할 수 있어요. 이때는 '안녕'이라는 표현이 되지요.

2 다시 만났을 때, 혹은 이전에 만났던 사람의 안부를 물을 때

🎧 **MP3** 08_02

ㄱ	싸바-이 디- 마이 크랍 **สบายดีไหมครับ**	잘 지내시지요?
ㄷ	카 싸바-이 디- 카 **ค่ะ สบายดีค่ะ**	네, 잘 지냅니다.
ㄱ	쿤퍼- 꺼- 싸바-이 디- 차이 마이 크랍 **คุณพ่อก็สบายดีใช่ไหมครับ**	아버지께서도 잘 지내시지요?
ㄷ	카 쿤퍼- 꺼- 싸바-이 디- 카 **ค่ะ คุณพ่อก็สบายดีค่ะ**	네, 아버지께서도 잘 지내십니다.

직접 대화하고 있는 상대의 안부를 묻는다면 주어를 생략하는 것이 더욱 자연스러운 표현이 되겠죠? 그러나 이전에 만났던 제3자의 안부를 묻는다면, 주어(호칭, 이름)를 인사말 가장 앞에 첨가할 수 있어요.

3 헤어질 때

커- 뚜-아 꺼-ㄴ 크랍
ก **ขอตัวก่อนครับ**   먼저 가보겠습니다.

끌랍 디디- 나 카
ข **กลับดี ๆ นะคะ**   조심히 들어가세요.

와이 쯔ㅓ- 깐 마이 크랍
ก **ไว้เจอกันใหม่ครับ**   다음에 또 만나요.

싸왓디-크랍
สวัสดีครับ   안녕히 계세요.

카, 와이 쯔ㅓ- 깐 마이 카
ข **ค่ะ ไว้เจอกันใหม่ค่ะ**   네, 다음에 또 만나요.

싸왓디-카
สวัสดีค่ะ   안녕히 가세요.

สวัสดี싸왓디-라는 인사말은 만났을 때, 헤어질 때 모두 사용할 수 있어요. 인사를 건네는 사람, 받는 사람 모두 같은 말로 인사한답니다.

감사의 인사말

커-ㅂ 쿤 크랍

ㄱ **ขอบคุณครับ**   고맙습니다.

(두-아이 콰-ㅁ) 인디- 카

ㅈ **(ด้วยความ)ยินดีค่ะ**   제 기쁨입니다.

태국어에도 존대와 격식적인 표현을 나타내는 어휘가 구분되어 있어요. 기본적으로 감사의 인사는 **ขอบคุณ**커-ㅂ 쿤으로 나타내지만, 친구나 손아래 사람에게는 **ขอบใจ**커-ㅂ 짜이라는 인사말을 사용할 수 있답니다.

존대의 표현을 하고 싶거나 격식적인 표현을 하고 싶다면, **ขอขอบคุณ**커- 커-ㅂ 쿤 혹은 **ขอขอบพระคุณ**커-커-ㅂ 프라쿤이라는 인사말을 대신하여 사용할 수 있어요.

ขอบใจ커-ㅂ 짜이, **ขอขอบคุณ**커- 커-ㅂ 쿤, **ขอขอบพระคุณ**커-커-ㅂ 프라 쿤에 대한 대답은 모두 동일하게 **(ด้วยความ)ยินดีค่ะ**(두-아이 콰-ㅁ) 인디- 카 또는 **ไม่เป็นไรค่ะ**마이 뻰 라이 카라고 합니다.

 단어 알아보기!

ขอบใจ 커-ㅂ 짜이 고마워 | **ขอขอบคุณ** 커- 커-ㅂ 쿤 고맙습니다 | **ขอขอบพระคุณ** 커-커-ㅂ 프라쿤 감사합니다

사과의 인사말

MP3 08_05

커-토-ㅅ 크랍
ก **ขอโทษครับ** 　미안합니다.

마이 뻰 라이 카
ข **ไม่เป็นไรค่ะ** 　괜찮아요.

* **ขอโทษ** 커-토-ㅅ은 '실례합니다.' 라는 뜻도 가지고 있다.

- 사과의 인사말도 존대와 격식 표현을 나타내는 어휘가 구분되어 있어요. 기본적으로 감사의 인사는 **ขอโทษ**커-토-ㅅ으로 나타내지만, 친구나 손아래 사람에게는 **โทษที**토-ㅅ 티-라는 말을 사용해서 보다 가벼운 사과 표현을 사용할 수 있답니다.

- 존대나 격식 표현을 원한다면, 상황에 따라 **ขอประทานโทษ**커- 쁘라타-ㄴ 토-ㅅ 혹은 **ขออภัย**커- 아파이라는 인사말을 대신하여 사용할 수 있어요.

- **โทษที**토-ㅅ 티-, **ขอประทานโทษ**커- 쁘라타-ㄴ 토-ㅅ, **ขออภัย**커- 아파이에 대한 대답은 동일하게 **ไม่เป็นไร**마이 뻰 라이라고 답할 수 있어요.

 단어 알아보기!

โทษที 토-ㅅ 티- 미안해 | **ขอประทานโทษ** 커- 쁘라타-ㄴ 토-ㅅ 정말 죄송합니다 | **ขออภัย** 커- 아파이 사죄드립니다

남성과 여성의 문장 종결어미 구분

● 태국어에서는 문장의 뉘앙스를 표현하거나 강조하기 위해 문장의 끝에 어조사를 사용해요. 이 중 태국어를 공부하는 외국인이 가장 대표적으로 만나게 되는 어조사가 바로 존대, 겸양의 의미를 나타내는 어조사 **ครับ**크랍 / **ค่ะ**카 / **คะ**카이죠.

● 남성은 **ครับ**크랍 / 여성은 **ค่ะ**카 / **คะ**카를 문장의 끝에 사용하면, '~요, ~입니다.' 혹은 '~요? 입니까?'와 같이 존대, 겸양의 표현을 할 수 있어요.

● 화자가 남성인 경우에는 문장이 평서문인지 부정문인지 혹은 의문문인지에 상관없이 동일하게 **ครับ**크랍을 사용하면 돼요. 그러나 화자가 여성인 경우에는 평서문과 부정문에서는 **ค่ะ**카를, 의문문의 경우에는 **คะ**카를 구분해서 사용해야 해요.

● **ครับ**크랍 / **ค่ะ**카를 단독으로 사용하면, '네'라는 존대 답변이 된답니다.

● 그러므로 말하기 문장에서 **ครับ**크랍 / **ค่ะ**카 / **คะ**카를 생략한다면 존대의 의미가 사라지게 되겠죠. 그래서 친구나 가까운 사람에게 사용하는 문장이 될 수 있어요. 혹은 긴 대화 가운데에 간혹 이 어조사가 생략되기도 한답니다. 그렇지만 전체적인 말하기에서 이 어조사가 남아 있다면 상대방이 존대의 표현을 하고 있는 것이니 오해하지 않아도 돼요.

 Tip **คะ**는 본래 2성이지만 주로 일상생활에서 1성과 비슷하게 발음됩니다.

 질문있어요!

Q 태국어에는 성에 따른 명사의 곡용이 없다고 하지 않았나요?

A 물론 태국어에서는 성에 따른 명사의 곡용이 없습니다. 그러므로 나 자신이 남성이면 **ครับ** 크랍을, 나 자신이 여성이면 **ค่ะ** 카 / **คะ** 카를 사용하면 됩니다. 변화를 줄 필요가 없습니다.

 연습대화

01

MP3
08_06

ㄱ
싸왓디-크랍
สวัสดีครับ
안녕하세요.

ㄱ
싸왓디-카
สวัสดีค่ะ
안녕하세요.

ㄱ
인디-티-다이 루-짝 크랍
ยินดีที่ได้รู้จักครับ
만나서 반갑습니다.

ㄱ
첸 (디아-우) 깐 카
เช่น(เดียว)กันค่ะ
저도 마찬가지입니다.

02

MP3
08_07

ㄱ
싸바-이 디- 마이 크랍
สบายดีไหมครับ
잘 지내시지요?

ㄱ
카, 싸바-이 디- 카
ค่ะ สบายดีค่ะ
네, 잘 지냅니다.

ㄱ
쿤매- 꺼- 싸바-이 디- 차이 마이 크랍
คุณแม่ก็สบายดีใช่ไหมครับ
어머니께서도
잘 지내시지요?

ㄱ
카, 쿤매- 꺼- 싸바-이 디- 카
ค่ะคุณแม่ก็สบายดีค่ะ
네, 어머니께서도
잘 지내십니다.

03

MP3
08_08

ㄱ
커ー-ㅂ 쿤 크랍
ขอบคุณครับ
고맙습니다.

ㄱ
(두ー-아이 콰ー-ㅁ) 인디ー- 카
(ด้วยความ)ยินดีค่ะ
제 기쁨입니다.

04

MP3
08_09

ㄱ
커ー-토ー-ㅅ 크랍
ขอโทษครับ
미안합니다.

ㄱ
마ー이 뻰 라이 카
ไม่เป็นไรค่ะ
괜찮아요

연습문제

다음 인사말에 어울리는 답변을 채워봅시다.

01 ก **สวัสดีครับ ยินดีที่ได้รู้จักครับ**

ข _____

02 ก **ขอบคุณค่ะ**

ข _____

03 ก **ขอโทษครับ**

ข _____

04 ก **ขอตัวก่อนครับ ไว้เจอกันใหม่ครับ**

ข _____

제9강

이름은 핀이에요
ดิฉันชื่อพิณค่ะ

학습목표

- 태국어로 자신을 소개할 수 있다.
- 태국어의 숫자 1~10을 쓰고, 읽을 수 있다.
- 기본적인 인칭 대명사와 친척 관련 어휘를 구별하여 사용할 수 있다.
- 태국어 숫자와 친척 관련 어휘를 바탕으로 가족 구성원을 소개할 수 있다.

핵심단어

- **ครอบครัว** 크러-ㅂ 크루-아 가족
- **คุณพ่อ** 쿤퍼- 아버지
- **คุณแม่** 쿤매- 어머니
- **พี่** 피- 손위 형제, 자매
- **น้อง** 너-ㅇ 손아래 형제, 자매

- **พี่น้อง** 피- 너-ㅇ 형제 자매
- **ลูก** 루-ㄱ 자녀
- **ผม** 폼 나 (남성)
- **ดิฉัน** 디찬 나 (여성)

핵심포인트

🎧 **MP3** 09_01

폼 츠- 쏨차-이 크랍

ผมชื่อ สมชาย ครับ

제 이름은 쏨차이에요.

폼 나-ㅁ싸꾼 웡싸와-ㅇ 크랍

ผมนามสกุล วงศ์สว่าง ครับ

제 성은 웡싸와-ㅇ 이에요.

디찬 츠- 티다-랏 카

ดิฉันชื่อ ธิดารัตน์ ค่ะ

제 이름은 티다랏이에요.

나-ㅁ싸꾼 커-ㅇ 디찬 응아-ㅁ니꺼-ㄴ 카

นามสกุลของดิฉัน งามนิกร ค่ะ

제 성은 응아-ㅁ 니꺼-ㄴ 이에요.

츠-렌 커-ㅇ디찬 애-ㄴ카

ชื่อเล่นของดิฉัน แอน ค่ะ

제 닉네임은 앤이에요.

디찬 츠- 지인 나-ㅁ싸꾼 옹 카

ดิฉันชื่อ จีอิน นามสกุล อง ค่ะ

저는 이름은 지인, 성은 옹이에요.

츠- 타이 커-ㅇ 디찬 핀 카

ชื่อไทยของดิฉัน พิณ ค่ะ

저의 태국 이름은 핀이에요.

태국인의 이름은 서양식 이름과 같아요. 다시 말해 개인의 이름을 먼저 쓰고 성을 쓰죠. 태국인의 이름과 성은 여러 음절로 되어 있기 때문에 기억하거나 발음하기 어려울 수 있어요. 그래서 공식적으로는 본명을 사용하지만, 가까운 사이에서는 **ชื่อเล่น**츠-렌이라는 1~2음절의 닉네임을 따로 지어 사용한답니다.

어조사 **ครับ**크랍과 **ค่ะ**카 / **คะ**카가 남녀 구분을 지어 사용해야 한다는 것 기억하시죠? 1인칭 대명사의 경우에도 남녀의 구분을 두고 있어요. 즉, 내가 남성이면 **ผม**폼을 사용하고, 내가 여성이면 **ดิฉัน**디찬을 사용합니다. 1인칭 대명사 역시 문장이나 상황에 따라 변화를 줄 필요가 없어요.

인칭 대명사

🎧 **MP3** 09_02

인칭	단수/복수	뜻		태국어
1인칭	단수	나	남성	**ผม** (폼)
			여성	**ดิฉัน** (디찬*) 찬은 예외적으로 3성으로 발음
	복수	우리		**เรา** (라오)
2인칭	단수	당신, ~씨 '~씨'로 쓸 때는 이름 앞에 넣는다.		**คุณ** (쿤)
		너, 자네 (남녀구분없음)		**เธอ** (트ㅓ-)
		선생님, ~님 (계급, 직위, 연령이 높은 사람을 일컫는 존대 2인칭)		**ท่าน** (탄*) 예외적으로 짧게 발음
	복수			**พวก** + 2인칭 대명사
		당신들 너희들 선생님들		**พวกคุณ** (푸-악 쿤) **พวกเธอ** (푸-악 트ㅓ-) **พวกท่าน** (푸-악 탄)
3인칭	단수	그 (남녀구분없음)		**เขา** (카오)
		그녀 (주로 여성에게 사용)		**เธอ** (트ㅓ-)
		그 분 (계급, 직위, 연령이 높은 사람을 일컫는 존대 3인칭)		**ท่าน** (탄*) 예외적으로 짧게 발음
	복수			**พวก** + 3인칭 대명사
		그들 그녀들 그분들		**พวกเขา** (푸-악 카오) **พวกเธอ** (푸-악 트ㅓ-) **พวกท่าน** (푸-악 탄)

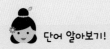 **단어 알아보기!**

ผม 폼 나 (남성) | **ดิฉัน** 디찬 나 (여성) | **ชื่อ** 츠- 이름 | **นามสกุล** 나-ㅁ싸꾼 성 | **ชื่อเล่น** 츠-렌 닉네임

태국어의 숫자

MP3 09_03

크러^-ㅂ 크루-아 커^ㅇ 디찬 미- 씨- 콘 카

ครอบครัวของดิฉันมี 4 คนค่ะ

저의 가족은 4명이 있어요.

● 태국어에서는 아라비아 숫자 말고 렉타이라고 부르는 타이 숫자가 있어요. 태국에서는 태국 숫자 표기를 아라비아 숫자와 혼용하고 있답니다. 태국어 숫자로 표기된 문서나 표지를 종종 마주칠 수 있기 때문에 타이 숫자도 함께 익혀두면 좋아요.

● 숫자 쓰기도 자모음과 마찬가지로 동그라미 부분부터 시작해서 한붓그리기로 그리면 돼요.

● 아래의 표에 함께 연습해 볼까요?

MP3 09_04

0	1	2	3	4	5	6	7	8	9	10
ศูนย์	หนึ่ง	สอง	สาม	สี่	ห้า	หก	เจ็ด	แปด	เก้า	สิบ
쑤-ㄴ	능	써-ㅇ	싸-ㅁ	씨-	하-	혹	쩻	빼-ㅅ	까오	씹
๐	๑	๒	๓	๔	๕	๖	๗	๘	๙	๑๐
๐	๑	๒	๓	๔	๕	๖	๗	๘	๙	๑๐

가족 소개하기

🎧 MP3 09_05

크러̂-ㅂ 크루-아 커̌-ㅇ 디찬 미̄- 씨̀- 콘 카̂

ครอบครัวของดิฉันมี 4 คนค่ะ

저의 가족은 4명이 있어요.

미̄- 쿤퍼̂- 쿤매̂- 피̂- 싸̌-우 래 디찬 카̂

มีคุณพ่อ คุณแม่ พี่สาว และดิฉันค่ะ

아버지, 어머니, 언니 그리고 제가 있어요.

폼 미̄- 크러̂-ㅂ 크루-아 래우 크랍

ผมมีครอบครัวแล้วครับ*

저는 가정이 있어요.

폼 미̄- 루̂-ㄱ 써̌-ㅇ 콘 크랍

ผมมีลูก 2 คนครับ

저는 자녀가 2명 있어요.

미̄- 루̂-ㄱ차-이 능 콘 래루̂-ㄱ 싸̌-우 능 콘 크랍

มีลูกชาย 1 คน
และลูกสาว 1 คนครับ

아들 한 명, 딸 한 명이 있어요.

피̂-싸̌-우 커̌-ㅇ 디찬 꺼̂- 미̄- 크러̂-ㅂ 크루-아 래-우 카̂

พี่สาวของดิฉันก็มีครอบครัวแล้วค่ะ

저의 언니도 가정이 있어요.

트ㅓ̄- 미̄- 루̂-ㄱ 차-이 능 콘 카̂

เธอมีลูกชาย 1 คนค่ะ

그녀는 아들이 한 명 있어요.

* '저는 가정이 있어요'라는 표현은 '저는 결혼을 했어요'와 같은 의미로 쓰여요.

MP3 09_06

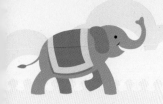

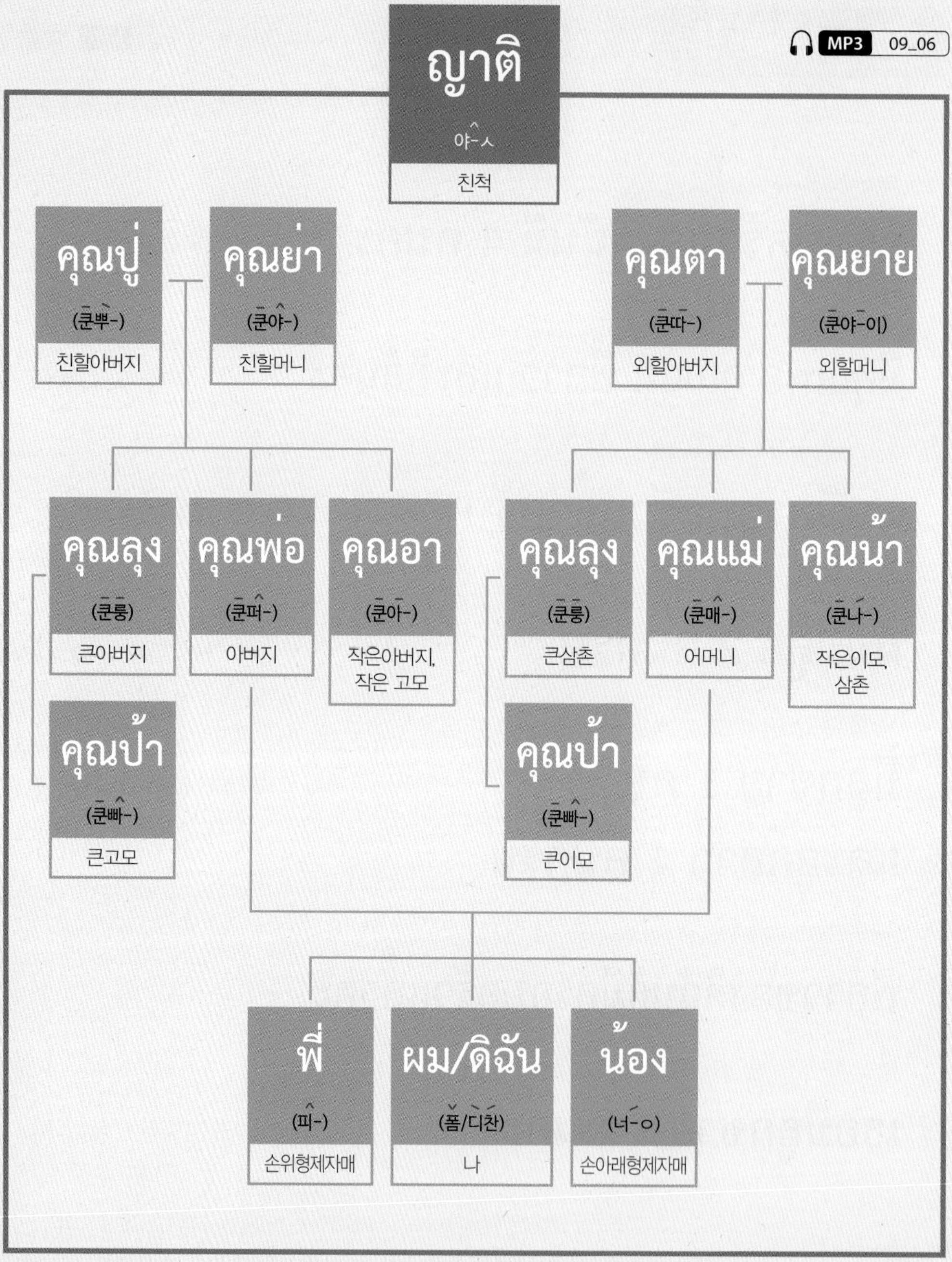
ญาติ
야-ㅅ
친척
คุณปู่
(쿤뿌-)
친할아버지
คุณย่า
(쿤야-)
친할머니
คุณตา
(쿤따-)
외할아버지
คุณยาย
(쿤야-이)
외할머니
คุณลุง
(쿤룽)
큰아버지
คุณพ่อ
(쿤퍼-)
아버지
คุณอา
(쿤아-)
작은아버지, 작은 고모
คุณป้า
(쿤빠-)
큰고모
คุณลุง
(쿤룽)
큰삼촌
คุณแม่
(쿤매-)
어머니
คุณน้า
(쿤나-)
작은이모, 삼촌
คุณป้า
(쿤빠-)
큰이모
พี่
(피-)
손위형제자매
ผม/ดิฉัน
(폼/디찬)
나
น้อง
(너-ㅇ)
손아래형제자매

태국어는 친척 관련 어휘가 발달해 있어요. 태국에서는 한국과 마찬가지로 실제 친척 관계가 아니더라도 친척 관련 어휘를 대신해서 부르는 경우가 많이 있지요.

자신보다 나이가 많거나 직책이 높은 사람을 **พี่**피- 라고 부르거나, 자신보다 나이가 적거나 직책이 낮은 사람을 **น้อง**너-ㅇ으로 불러요.

ลุง룽 / **ป้า**빠- 는 연배가 있는 아저씨, 아주머니를 대신하여 사용하고, **ปู่**뿌- / **ย่า**야- / **ตา**따- / **ยาย**야-이는 친인척이 아닌 할아버지, 할머니 연배의 어르신을 부를 때에도 사용해요.

พ่อ퍼- / **แม่**매-는 가까운 친구의 아버지, 어머니를 부르거나 아버지, 어머니 연배의 어른을 부를 때 사용되기도 해요.

태국어의 **พี่**피- / **น้อง**너-ㅇ / **ลูก**루-ㄱ은 성별을 구분하지 않는 단어예요. 성별을 나타내고 싶을 때는, 남성의 경우 **ชาย**차-이(남성), 여성의 경우에는 **สาว**싸-우(여성)라는 단어를 각각 **พี่** / **น้อง** / **ลูก** 뒤에 붙여 표현하면 돼요.

다음 표의 예시를 같이 살펴볼까요?　🎧 **MP3** 09_07

ครอบครัว 크러-ㅂ 크루-아　가족, 가정			
คุณพ่อ 쿤퍼-	아버지	**คุณแม่** 쿤매-	어머니
พี่ 피-　손위 형제, 자매			
พี่ชาย 피-차-이	형, 오빠	**พี่สาว** 피-싸-우	누나, 언니
น้อง 너-ㅇ　손아래 형제, 자매			
น้องชาย 너-ㅇ차-이	남동생	**น้องสาว** 너-ㅇ싸-우	여동생
ลูก 루-ㄱ　자녀			
ลูกชาย 루-ㄱ차-이	아들	**ลูกสาว** 루-ㄱ싸-우	딸
คน 콘　사람, 명			
มี 미-　있다, 가지고 있다			

연습대화

MP3
09_08

จีอิน
싸왓디- 카
สวัสดีค่ะ

안녕하세요

디찬 츠- 지인 옹 카
ดิฉันชื่อ จีอิน อง ค่ะ

제 이름은
옹지인입니다.

츠- 타이 커-ㅇ 디찬 핀 카
ชื่อไทยของดิฉัน พิณ ค่ะ

제 태국 이름은
핀이에요.

สมชาย
싸왓디- 크랍, 쿤지인
สวัสดีครับ คุณจีอิน

안녕하세요, 지인 씨.

폼 츠- 쏨차-이 웡싸와-ㅇ 크랍
ผมชื่อ สมชาย วงศ์สว่าง
ครับ

제 이름은 쏨차이
웡싸와-ㅇ이에요.

츠-렌 폼 버-ㄴ 크랍
ชื่อเล่นผม บอล ครับ

제 닉네임은 버-ㄴ
이에요.

จีอิน
쿤 쏨차-이 인디-티-다이 루-짝 카
คุณสมชาย ยินดีที่ได้รู้จักค่ะ

쏨차이 씨, 만나서
반가워요

สมชาย
첸 디-아우 깐 크랍
เช่นเดียวกันครับ

저도 마찬가지예요.

จีอิน
탄 뻰 쿤매- 커-ㅇ 디찬 카
ท่านเป็นคุณแม่ของดิฉันค่ะ

저 분은 저의
어머니예요.

จีอิน

크러ᅳᆸ 크루ᅳ아 커ᅳㅇ 디찬 미ᅳ 씨ᅳ콘 카

ครอบครัวของดิฉัน มี 4 คนค่ะ

저의 가족은 4명이 있어요.

미ᅳ 쿤퍼ᅳ 쿤매ᅳ 피ᅳ 싸ᅳ우 래 디찬 카

มีคุณพ่อ คุณแม่ พี่สาว และดิฉันค่ะ

아버지, 어머니, 언니, 그리고 제가 있어요.

폼 미ᅳ 크러ᅳᆸ 크루ᅳ아 래ᅳ우 크랍

สมชาย **ผมมีครอบครัวแล้วครับ**

저는 결혼을 했어요.

크러ᅳᆸ 크루ᅳ아 커ᅳㅇ 폼 미ᅳ 하ᅳ 콘 크랍

ครอบครัวของผม มี 5 คนครับ

저의 가족은 5명이 있어요.

미ᅳ 판라야ᅳ 루ᅳㄱ 차ᅳ이 능 콘 루ᅳㄱ 싸ᅳ우 써ᅳㅇ 콘 래 폼 크랍

มีภรรยา ลูกชาย 1 คน ลูกสาว 2 คน และผมครับ

부인과 아들 1명, 딸 2명, 그리고 제가 있어요.

* **ภรรยา** 판라야ᅳ 아내, 부인 | **สามี** 싸ᅳ미ᅳ 남편

 **연습문제**

태국어로 자기소개를 써봅시다.

_____

_____

_____

_____

_____

_____

_____

_____

_____

제10강

저는 한국사람이에요
ผม/ดิฉันเป็นคนเกาหลีครับ/ค่ะ

학습목표

• 태국어의 기본적인 문장 구조를 알고 간단한 문장을 구성할 수 있다.
• 평서문 문장을 각각 **เป็น**뻰과 **คือ**크-, 일반동사를 사용하여 평서문 문장을 표현할 수 있다.
• 부정을 나타내는 부정소 **ไม่**마이를 이용하여 평서문을 부정문으로 바꿀 수 있다.

핵심단어 🌸

• **เกาหลี** 까올리- (까오ㄹㄹㅣ -*) 한국
  * ㄹ은 [l / ㄹㄹ] 발음이기 때문에 한국어 표기 편의상 ㄹ 한 개를 받침과 같이 표기하였습니다.

• **ไทย** 타이 태국, 태국의

• **ประเทศ** 쁘라테-ㅅ 국가

• **เป็น/คือ** 뻰/크- 〜이다

• **ภาษา** 파-싸- 언어

• **ไม่** 마이 〜이 아니다, 〜이 아닌

핵심포인트

태국어의 문장구조

● 태국어의 기본적인 문장구조는 주어 + 동사 (+ 목적어/보어)의 형태에요. 영어의
  어순과 비슷하지요.

● 태국어는 어형 변화나 조사가 없어요. 그래서 단어의 위치에 따라 문장 내에서 그
  단어의 역할이 정해지지요. 그러므로 위의 기본 문장구조를 반드시 알고 있어야
  해요.

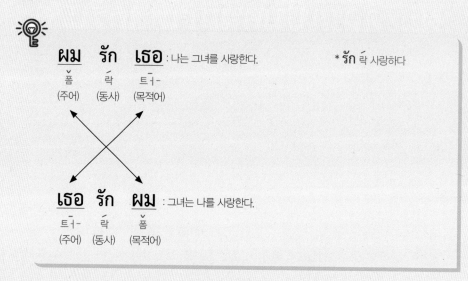

● 위의 두 문장은 똑같은 단어를 사용하였어요. 다만, 문장 내에서 단어의 위치가 바
  뀌었지요. ผม폼과 เธอ트ㅓ- 두 단어의 위치가 바뀜으로써, 두 문장의 의미가 서로
  완전히 달라졌어요.

  바로 이런 이유로 태국어에서는 각 단어의 위치가 매우 중요하다고 말하는 거예요.

เป็น뻰과 คือ크-

1 เป็น뻰의 용법

🎧 MP3 10_01

디찬 뻰 콘 까올리- 카
ดิฉันเป็นคนเกาหลีค่ะ
나는 한국 사람입니다.

디찬 뻰 낙쏙싸- 카
ดิฉันเป็นนักศึกษาค่ะ
나는 대학생입니다.

폼 뻰 콘 타이 크랍
ผมเป็นคนไทยครับ
나는 태국 사람입니다.

폼 뻰 파낙응아-ㄴ 버-리쌋 크랍
ผมเป็นพนักงานบริษัทครับ
저는 회사원입니다.

탄 뻰 쿤매- 커-ㅇ 디찬 카
ท่านเป็นคุณแม่ของดิฉันค่ะ
그 분은 저의 어머니입니다.

카오 뻰 너-ㅇ차-이 커-ㅇ 폼 크랍
เขาเป็นน้องชายของผมครับ
그는 제 남동생입니다.

- **เป็น**뻰과 **คือ**크-는 모두 '~이다'라는 뜻을 가지는 지정사예요.

- **เป็น**뻰은 주로 일반명사를 설명할 때 사용되고, **คือ**크-는 주로 고유명사 혹은 어떠한 것을 특정하여 지칭할 때 사용되지요.

2 คือ크 -의 용법

1) 고유명사를 설명할 때

니- 크- 끄룽테-ㅂ 크랍

นี่คือกรุงเทพฯ ครับ

이것이 방콕입니다.

끄룽테-ㅂ 크- 므-앙 루-앙 커-ㅇ 타이 크랍

กรุงเทพฯ คือเมืองหลวงของไทยครับ

방콕은 태국의 수도입니다.

2) 지칭하여 설명할 때

탄 크- 쿤매- 커-ㅇ 디찬 카

ท่านคือคุณแม่ของดิฉันค่ะ

그 분은 저의 어머니입니다.

카오 크- 너-ㅇ차-이 커-ㅇ 폼 크랍

เขาคือน้องชายของผมครับ

그는 제 남동생입니다.

- 1) 예시에서 **กรุงเทพฯ**끄룽테-ㅂ은 고유명사이기 때문에 **คือ**크-를 사용해요.
- 2) 예시에서 **คุณแม่**쿤매-(어머니)나 **น้องชาย**너-ㅇ 차-이(남동생)은 고유명사가 아니기 때문에 **เป็น**뻰과 **คือ**크-를 모두 사용할 수 있어요.

 단어 알아보기!

คน 콘 사람 | **เกาหลี** 까올리- 한국, 한국의 | **ไทย** 타이 태국, 태국의 | **นักศึกษา** 낙쓱싸- 대학생 | **พนักงาน** 파낙응아-ㄴ 직원 | **บริษัท** 버-리쌋 회사 | **กรุงเทพฯ** 끄룽테-ㅂ 방콕 | **เมืองหลวง** 므-앙루-앙 수도

일반동사로 이루어진 평서문 문장

🎧 **MP3** 10_03

폼 리-안 파-싸- 타이 크랍

ผมเรียนภาษาไทยครับ

나는 태국어를 공부합니다.

디찬 처-ㅂ 쁘라테-ㅅ 타이 카

ดิฉันชอบประเทศไทยค่ะ

나는 태국을 좋아합니다.

라오 처-ㅂ 아-하-ㄴ 까올리- 크랍

เราชอบอาหารเกาหลีครับ

우리는 한국 음식을
좋아합니다.

● 태국어의 기본적인 문장구조는 주어 + 동사 (+ 목적어/보어)의 형태에요. 태국어
는 어형 변화나 조사가 없기 때문에 단어를 문장구조의 순서대로 배열하기만 하면
돼요.

● 또한 일반동사가 있다면 더 이상 '~이다'라는 뜻의 **เป็น**뻰과 **คือ**크-라는 지정사는
필요 없어요.

 단어 알아보기!

เรียน 리-안 공부하다 | **ชอบ** 처-ㅂ 좋아하다 | **ภาษา** 파-싸- 언어 | **อาหาร** 아-하-ㄴ 음식 | **ประเทศ**
쁘라테-ㅅ 나라

● 일반동사 앞에 부정을 나타내는 **ไม่**마이를 위치시켜 평서문을 부정문으로 만들 수 있어요. 단, **เป็น**뻰과 **คือ**크-를 부정하는 경우에는 **ไม่ใช่**마이 차이로 바꿔주어야 해요.

*ไม่ 마이 ~이 아니다, ~이 아닌 (일반동사, 형용사의 부정) | *ใช่ 차이 맞다, 그렇다

 เป็น뻰**의 부정**

🎧 **MP3** 10_04

디찬 뻰 콘 까올리- 카
ดิฉันเป็นคนเกาหลีค่ะ

나는 한국 사람입니다.

폼 마이 차이 콘 까올리- 크랍 .
ผมไม่ใช่คนเกาหลีครับ

나는 한국 사람이 **아닙니다**.

디찬 뻰 낙쏙싸- 카
ดิฉันเป็นนักศึกษาค่ะ

나는 대학생입니다.

폼 마이 차이 낙쏙싸- 크랍
ผมไม่ใช่นักศึกษาครับ

나는 대학생이 **아닙니다**.

폼 뻰 파낙응아-ㄴ 버-리쌋 크랍
ผมเป็นพนักงานบริษัทครับ

나는 회사원입니다.

● **เป็น**뻰을 사용한 문장을 부정문으로 바꿀 때는 **ไม่ใช่**마이 차이로 바꿔주어야 해요.

● 문맥에 따라 **ไม่เป็น**마이 뻰을 사용하는 경우도 있지만, 이 경우에는 **ไม่เป็น**마이 뻰이 아니라는 점 기억하도록 해요.

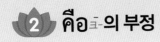 2 คือ크-의 부정

🎧 MP3 10_05

니- 마이 차이 끄룽테-ㅂ 카
นี่ไม่ใช่กรุงเทพฯ ค่ะ

이것은 방콕이 **아닙니다**.

니- 크- 쏘-ㄴ 카
นี่คือโซลค่ะ

이것은 서울입니다.

난 마이 차이 파-싸- 타이 크랍
นั่นไม่ใช่ภาษาไทยครับ

이것은 태국어가 **아닙니다**.

난 크- 파-싸- 라-우 크랍
นั่นคือภาษาลาวครับ

이것은 라오스어 입니다.

● **คือ**크-를 사용한 문장을 부정문으로 바꿀 때도 역시 **ไม่ใช่**마이 차이로 바꿔야 해요.

● **ไม่คือ**마이 크-가 아니라는 점 꼭 기억하도록 해요.

 단어 알아보기!

โซล 쏘-ㄴ 서울 | **ลาว** 라-우 라오스, 라오스의

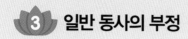

3 일반 동사의 부정

🎧 MP3 10_06

폼 리-안 파-싸- 타이 크랍

ผมเรียนภาษาไทยครับ

나는 태국어를 공부합니다.

디찬 마이 리-안 파-싸- 타이 카

ดิฉันไม่เรียนภาษาไทยค่ะ

나는 태국어를 공부하지 **않습니다.**

디찬 리-안 파-싸- 라-우 카

ดิฉันเรียนภาษาลาวค่ะ

나는 라오스어를 공부합니다.

라오 마이 처-ㅂ 아-하-ㄴ 까올리- 크랍

เราไม่ชอบอาหารเกาหลีครับ

우리는 한국 음식을 좋아하지 **않습니다.**

라오 처-ㅂ 아-하-ㄴ 타이 크랍

เราชอบอาหารไทยครับ

우리는 태국 음식을 좋아합니다.

일반동사를 사용한 문장을 부정문으로 바꿀 때에는 일반동사 앞에 **ไม่**마이를 붙여주면 돼요.

지시 대명사와 지시 형용사

🎧 MP3 10_07

	난 크-파-싸̆- 타이 크랍
นั่นคือภาษาไทยครับ	그것은 태국어입니다.
콘 노̂-ㄴ 뻰 너́-ㅇ차-이 커̆-ㅇ 폼̆ 크랍	
คนโน้นเป็นน้องชายของผมครับ	저 사람은 제 남동생입니다.

	이	그, 저	저
지시 대명사	**นี่** 니̂-	**นั่น** 난̂	**โน่น** 노̂-ㄴ
지시 형용사	**นี้** 니́-	**นั้น** 난́	**โน้น** 노́-ㄴ

● 지시대명사란, 무언가를 지칭하는 것으로 명사를 대신해서 사용하는 것이에요. '이
  것, 저것, 그것'과 같이 해석할 수 있지요.

● 지시형용사란, 명사를 꾸며주면서 무언가를 지칭하는 것이죠. '이~, 그~, 저~'로
  해석할 수 있어요.

● 태국어의 지시대명사와 지시형용사는 성조의 차이가 있어요. 1성부호가 있고, 2성
  으로 발음되는 것은 지시대명사이고, 2성부호가 있고 3성으로 발음되는 것은 지시
  형용사예요. 화자와 청자로부터 물리적, 심리적 거리에 따라 이, 그, 저를 선택해서
  사용해요.

연습대화

MP3
10_08

커- 토-ㅅ 크랍 쿤 뻰 콘 까올리- 르- 크랍

มินชู ขอโทษครับ
คุณเป็นคนเกาหลีหรือครับ

실례합니다만,
당신은 한국 사람인가요?

마̂이 차̂이 카̀

ธิดารัตน์ ไม่ใช่ค่ะ

아니에요.

디̀찬 마̂이 차̂이 콘 까올리-

ดิฉันไม่ใช่คนเกาหลี

저는 한국 사람이
아니에요.

디̀찬 뻰 콘 타이 카̀

ดิฉันเป็นคนไทยค่ะ

저는 태국 사람이에요.

콘난 뻰 콘 까올리- 카̀

คนนั้นเป็นคนเกาหลีค่ะ

저 사람이 한국
사람이에요.

트ㅓ- 츠̂- 지-인 카̀

เธอชื่อจีอินค่ะ

그녀의 이름은
지인이에요.

커-ㅂ 쿤 크랍

มินชู ขอบคุณครับ

고맙습니다.

인디-카̀

ธิดารัตน์ ยินดีค่ะ

저도 마찬가지예요.

연습문제

🛺 **다음의 주어진 한글을 태국어로 바꿔봅시다.**

01 나는 한국 사람입니다.

_____

02 우리는 태국 사람이 아닙니다.

_____

03 태국어는 쉽습니다. 태국어는 어렵지 않습니다.

(**ง่าย** 응아-이 쉽다 | **ยาก** 야-ㄱ 어렵다)

_____

04 이 사람은 저의 언니(누나)입니다.

_____

05 저것은 화장실이 아닙니다. 저것은 교실입니다.

(**ห้อง** 허-ㅇ 방 | **ห้องน้ำ*** 허-ㅇ나-ㅁ 화장실 | **ห้องเรียน** 허-ㅇ 리-안 교실)

_____

*** น้ำ** 나-ㅁ은 표기 형태는 단모음이지만 실제로는 길게 발음합니다..

 다음의 단어를 조합하여 자유롭게 5개의 문장을 만들어봅시다.

เป็น / คือ   เรียน   ชอบ   รัก
ไม่- / ไม่ใช่   อาหาร   ภาษา
นักศึกษา   พนักงาน   บริษัท
เกาหลี   ไทย   ลาว
กรุงเทพฯ   โซล   นี่ / นั่น / โน่น

01 _____

02 _____

03 _____

04 _____

05 _____

제11강

그는 선생님인가요?
เขาเป็นครูหรือครับ/คะ

학습목표

- 의문조사 **หรือ**르- 와 **ไหม**마이를 활용하여 일반 의문문으로 만들고, 알맞은 답변을 할 수 있다.
- 의문조사 **หรือไม่**르- 마이를 이용한 선택 의문문을 만들고, 알맞은 답변을 할 수 있다.
- 의문조사 **ไม่ใช่...หรือ / ไม่...หรือ**를 이용한 부정 의문문을 만들고, 알맞은 답변을 할 수 있다.

핵심단어

- **หรือ** 르- ~요? ~이요? (일반 의문문)
- **ไหม** 마이 ~요? ~이요? (일반 의문문)
- **ไม่ใช่ ... หรือ** 마이 차이 르- / **ไม่ ... หรือ** 마이 르- ~아닌가요? (부정 의문문)

핵심포인트

태국어의 의문문

● 태국어의 기본적인 문장구조는 주어 + 동사 (+ 목적어 / 보어)의 형태라는 것 모두 기억하고 있지요? 태국어의 의문문은 기본 문장구조 뒤에 의문조사 **หรือ**르-나 **ไหม**마이를 첨가하면 완성됩니다.

● 의문조사 **หรือ**르- : 주어 + 동사 (+ 목적어 / 보어) + 의문조사 **หรือ**르- 형태로 의문문을 만들 수 있어요.

일반 의문문

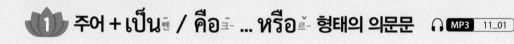

① 주어 + **เป็น**뻰 / **คือ**크- ... **หรือ**르- 형태의 의문문 🎧 MP3 11_01

카오 뻰 쿤 크루- 르- 크랍

เขาเป็นคุณครูหรือครับ

그는 선생님인가요?

차이 카. 카오 뻰 쿤 크루- 카

ใช่ค่ะ เขาเป็นคุณครูค่ะ

맞아요, 그는 선생님입니다.

마이 차이 카. 카오 마이 차이 쿤 크루- 카

ไม่ใช่ค่ะ เขาไม่ใช่คุณครูค่ะ

아니요, 그는 선생님이 아닙니다.

카오 뻰 낙 리-안- 카

เขาเป็นนักเรียนค่ะ

그는 학생입니다.

니- 크- 낭쓰- 르- 카
นี่คือหนังสือหรือคะ

이것은 책인가요?

차이 크랍. 니- 크- 낭쓰- 크랍
ใช่ครับ นี่คือหนังสือครับ

맞아요, 이것은 책입니다.

마이 차이 크랍. 니- 크- 싸뭇 크랍
ไม่ใช่ครับ นี่คือสมุดครับ

아니요, 이것은 공책입니다.

- 주어 + **เป็น**뻰 ... **หรือ**르- 혹은 주어 + **คือ**크- ... **หรือ**르- 형태의 의문문은 '~인가 요?'라는 의미를 가지고 있어요.

- 이러한 질문에는 **ใช่**차이 혹은 **ไม่ใช่**마이 차이로 답할 수 있지요.

 단어 알아보기!

ครู 크루- 선생님 | **นักเรียน** 낙리-안 학생 | **หนังสือ** 낭쓰- 책 | **สมุด** 싸뭇 노트

② 주어 + 일반동사 ... หรือ - 형태의 의문문 🎧 MP3 11_02

쁘라테-ㅅ 까올리-러-ㄴ 르-크랍

ประเทศเกาหลีร้อนหรือครับ

한국은 더운가요?

카, 쁘라테-ㅅ 까올리- 러-ㄴ 카

ค่ะ ประเทศเกาหลีร้อนค่ะ

네, 한국은 덥습니다.

마이 카, 쁘라테-ㅅ 까올리- 나-우 카

ไม่ค่ะ ประเทศเกาหลีหนาวค่ะ

아니요, 한국은 춥습니다.

파-싸- 타이 야-ㄱ 르-카

ภาษาไทยยากหรือคะ

태국어는 어려운가요?

마이 크랍, 파-싸- 타이 마이 야-ㄱ

ไม่ครับ ภาษาไทยไม่ยาก

아니요, 태국어는 어렵지
않습니다.

파-싸- 타이 응아-이 크랍

ภาษาไทยง่ายครับ

태국어는 쉽습니다.

● 일반동사의 경우에도 마찬가지로 주어 + 동사 (+ 목적어/보어) + 의문조사 **หรือ**
르- 형태로 의문문을 만들 수 있어요.

● 주어 + 일반동사 + ... **หรือ**르- 형태의 의문문은 '(일반동사)인가요?'라는 의미를
가지고 있어요.

● 이러한 질문에 대답할 때는 (일반동사) + **ครับ**크랍 / **ค่ะ**카 혹은 **ไม่** + (일반동사) + **ครับ**크랍 / **ค่ะ**카 형태로 답해요.

● 또한 질문에서 이미 언급된 일반동사를 생략해서 간단히 **ครับ**크랍 / **ค่ะ**카나 **ไม่ครับ**마이크랍 / **ไม่ค่ะ**마이카로 답할 수도 있어요.

 단어 알아보기!

ร้อน 러-ㄴ 덥다. 뜨겁다 | **หนาว** 나-우 춥다 | **ยาก** 야-ㄱ 어렵다 | **ง่าย** 응아-이 쉽다

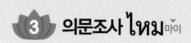

③ 의문조사 ไหม_{마이}

🎧 **MP3** 11_03

아-하-ㄴ 타이 아러-이 마이 카
อาหารไทยอร่อยไหมคะ

태국 음식은 맛있나요?

크랍, 아-하-ㄴ 타이 아러-이 크랍
ครับ อาหารไทยอร่อยครับ

네, 태국 음식은 맛있어요.

마이 크랍, 아-하-ㄴ 타이 마이 아러-이크랍
ไม่ครับ อาหารไทยไม่อร่อยครับ

아니요, 태국음식은 맛이 없어요.

● 주어 + 동사 (+ 목적어/보어) + 의문조사 **ไหม**_{마이} 형태로 의문문을 만들 수 있어요.

● 의문조사 **ไหม**_{마이}의 사용법도 **หรือ**_{르-}와 똑같아요. 그렇다면, 의문조사 **หรือ**_{르-}와 **ไหม**_{마이}는 어떤 차이가 있을까요?

    — **หรือ**_{르-} : 상황이나 상대방의 의사를 짐작할 수 있을 때 확인을 위해 묻는 의문문

    — **ไหม**_{마이} : 상황이나 상대방의 의사를 알 수 없을 때 이를 알아내기 위해 묻는 의문문

 단어 알아보기!

อร่อย 아러-이 맛있다 | **อาหาร** 아-하-ㄴ 음식, 식사

...ไม่ใช่^{마이 차이} / ไม่^{마이} + 일반동사 ... หรือ^{르-} 형태의 의문문

🎧 **MP3** 11_04

난 마이 차이 빠-ㄱ까- 르- 카
นั่นไม่ใช่ปากกาหรือคะ
이건 펜이 아닌가요?

차이 크랍 난 크- 딘써- 크랍
ใช่ครับ นั่นคือดินสอครับ
네, 이것은 연필입니다.

파-싸- 타이 마이 야-ㄱ 르- 크랍
ภาษาไทยไม่ยากหรือครับ
태국어는 어렵지 않습니까?

마이 카, 파-싸- 타이 응아-이 카
ไม่ค่ะ ภาษาไทยง่ายค่ะ
아니요, 태국어는 쉽습니다.

● 주어 + **ไม่ใช่** ... **หรือ**^{마이 차이 르-} 혹은 주어 + **ไม่**^{마이} + 일반동사 ... **หรือ**^{르-} 형태
의 의문문은 '...아닌가요?'라는 의미를 가지고 있어요. 즉, 부정의 질문이에요.

● 부정의문문은 **หรือ**^{르-}만 사용할 수 있어요. **ไหม**^{마이}는 사용할 수 없어요.

 단어 알아보기!

ปากกา ^{빠-ㄱ까-} 펜 | **ดินสอ** ^{딘써-} 연필

질문있어요!

Q 태국어는 부정 의문문에 대답할 때 한국어와 다른가요?

A 영어의 부정 의문문에 대답할 때 한국어와 반대라서 헷갈렸던 적이 있나요?
태국어의 부정 의문문의 답변은 한국어에서 부정 의문문을 들었을 때와 똑같이 생각하고 답변하면 돼요.

 PLUS

선택 의문문

주어 + 동사 + (목적어) … **(ใช่)หรือไม่**(차이) 르- 마이 형태의 의문문

• **เป็น/คือ** 동사가 사용된 문장의 선택 의문문은 **ใช่หรือไม่** 차이 르- 마이의 형태로 질문해요. 답변은 **ใช่** 차이
'그렇다' 혹은 **ไม่ใช่** 마이 차이 '아니다'로 대답할 수 있어요.

니- 크- 왓 프라 깨^우 차이 르- 마이 크랍

นี่คือวัดพระแก้ว ใช่หรือไม่ครับ 이것은 에메랄드 사원입니까, 아닙니까?

차이 카, 니- 크- 왓 프라 깨^우 카

ใช่ค่ะ นี่คือวัดพระแก้วค่ะ 네, 이것은 에메랄드 사원입니다. *วัดพระแก้ว 왓 프라 깨^우 에메랄드 사원

• 한편, 일반동사가 사용된 문장의 선택 의문문은 **หรือไม่** 르- 마이의 형태로 질문해요. 앞서 있었던 **ใช่** 차이가
사라진 것의 차이를 알 수 있겠죠?
답변은, (일반동사) + **ครับ** 크랍 / **ค่ะ** 카 혹은 **ไม่** 마이 + (일반동사) + **ครับ** 크랍 / **ค่ะ** 카 형태로 답해요.

카오 처^ㅂ 쁘라 테^ㅅ 타이 르- 마이 카

เขาชอบประเทศไทยหรือไม่ค่ะ 그는 태국을 좋아합니까, 아닙니까?

(처^ㅂ) 크랍, 카오 처^ㅂ 쁘라 테^ㅅ 타이 크랍

(ชอบ)ครับ เขาชอบประเทศไทยครับ 좋아합니다. 그는 태국을 좋아합니다.

연습대화

จีอิน 콘난 뻰 판라야- 커-ㅇ 쿤 르-카
คนนั้นเป็นภรรยาของคุณหรือคะ
저 사람은 당신의 부인인가요?

สมชาย 차ˆ이 크랍, 트ㅓ- 뻰 판라야- 커-ㅇ 폼 크랍
ใช่ครับ เธอเป็นภรรยาของผมครับ
맞아요, 그녀는 저의 부인이에요.

จีอิน 판라야- 커-ㅇ 쿤 처-ㅂ 아-하-ㄴ 까올리- 마ˇ이 카
ภรรยาของคุณชอบอาหารเกาหลีไหมคะ
당신의 부인은 한국 음식을 좋아하나요?

สมชาย 마ˇ이 처-ㅂ 크랍, 트ㅓ- 마ˇ이 처-ㅂ 아-하-ㄴ 까올리- 크랍
ไม่ชอบครับ เธอไม่ชอบอาหารเกาหลีครับ
안 좋아해요. 그녀는 한국 음식을 좋아하지 않아요.

สมชาย 쿤 지-인 처-ㅂ 아-하-ㄴ 타이 르ˆ 마ˆ이 크랍
คุณจีอินชอบอาหารไทยหรือไม่ครับ
지인 씨는 태국 음식을 좋아하나요, 안 좋아하나요?

จีอิน 디찬 처-ㅂ 아-하-ㄴ 타이 카
ดิฉันชอบอาหารไทยค่ะ
저는 태국 음식을 좋아해요.

สมชาย 아-하-ㄴ 타이 아러ˆ-이 마ˇ이 크랍
อาหารไทยอร่อยไหมครับ
태국 음식은 맛있나요?

카, 아-하̆-ㄴ 타이 아러̀-이 카̂

จีอิน ค่ะ อาหารไทยอร่อยค่ะ

네, 태국 음식은 맛있어요

쿤 매̂- 꺼̀- 처̂-ㅂ 아-하̆-ㄴ 타이 차̂이 마̆이 크랍́

สมชาย คุณแม่ก็ชอบอาหารไทย ใช่ไหมครับ

어머니도 태국 음식을 좋아하지요?

차̂이 카̂, 타̂ㄴ 꺼̀- 처̂-ㅂ 아-하̆-ㄴ 타이 카̂

จีอิน ใช่ค่ะ ท่านก็ชอบอาหารไทยค่ะ

맞아요. 어머니께서도 태국 음식을 좋아해요

연습문제

다음의 긍정문과 부정문을 각각 제시된 의문문의 형태로 변형하고, 답변을 적어봅시다.

01 เขาเป็นนักเรียน

일반 의문문: _____

선택 의문문: _____

02 เธอชอบอาหารญี่ปุ่น　(ญี่ปุ่น 이-뿐 일본, 일본의)

일반 의문문: _____

선택 의문문: _____

03 นั่นคือวัดพระแก้ว

일반 의문문: _____

부정 의문문: _____

04 คุณเรียนภาษาอังกฤษ　(อังกฤษ 앙끄릿 영국, 영국의, 영어)

일반 의문문: _____

부정 의문문: _____

아세안 국가와 주요 국가 명칭

(สหรัฐ)อเมริกา (ฃ่ฮ่รัฐ) 아메-리까- 미국

จีน 찌-ㄴ 중국

ลาว 라-우 라오스

กัมพูชา 깜푸-차- 캄보디아

มาเลเซีย 마-ㄹ레-씨-아 말레이시아

สิงคโปร์ 씽카뽀- 싱가포르

บรูไน (ดารุสซาลาม) 브루-나이 (다-룻싸-라-ㅁ) 브루나이 다루살람

ญี่ปุ่น 이-뿐 일본

อังกฤษ 앙끄릿 영국

พม่า 파마^- 미얀마

เวียดนาม 위-엣나-ㅁ 베트남

อินโดนีเซีย 인도-니-씨-아 인도네시아

ฟิลิปปินส์ 휠립삔 필리핀

อาเซียน 10 ประเทศ 아-씨^-안 씹 쁘라테^-ㅅ
아세안 10개국

Thailand	Myanmar	Cambodia	Laos	Brunei
ไทย	พม่า	กัมพูชา	ลาว	บรูไน (ดารุสซาลาม)

Vietnam	Malaysia	Singapore	Philippines	Indonesia
เวียดนาม	มาเลเซีย	สิงคโปร์	ฟิลิปปินส์	อินโดนีเซีย

제12강

이것은 무엇인가요?
นี่คืออะไรครับ

학습목표 🐘

• 의문사 **อะไร**아라이를 활용하여 의문문을 만들고, 이에 알맞은 답변을 할 수 있다.
• 의문사 **ใคร**크라이를 활용하여 의문문을 만들고, 이에 알맞은 답변을 할 수 있다.
• 태국어로 직업을 묻고 답할 수 있다.

핵심단어 🌸

• **ใคร** 크라이 누구, 어떤 사람
• **อะไร** 아라이 무엇, 무슨
• **ทำ** 탐 하다

• **งาน** 응아-ㄴ 일
• **อาชีพ** 아-치-ㅂ 직업

핵심포인트

의문사 อะไร아라이

อะไร아라이는 '무엇'이라는 의미를 가진 의문사예요. 의문사 อะไร아라이가 사용된 질문에 답을 할 때 질문의 문장 형태를 그대로 따르되 อะไร아라이의 위치에 답변이 되는 단어를 대신 넣으면 됩니다.

 주어 + (คือ크-) + อะไร아라이 문장 형태 🎧 **MP3** 12_01

니- (크-) 아라이 크랍 **นี่(คือ)อะไรครับ**	이것은 무엇인가요?
니- (크-) 낭쓰- 카 **นี่(คือ)หนังสือค่ะ**	이것은 책입니다.
쿤 츠- 아라이 크랍 **คุณชื่ออะไรครับ**	당신의 이름은 무엇인가요?
디찬 츠- 지인 카 **ดิฉันชื่อจีอินค่ะ**	제 이름은 지인입니다.

위의 예시 문장에서 **คือ**크-는 생략될 수 있어요. 즉, 위의 예시 문장은 동사가 없어도 문장이 성립될 수 있다는 말이죠.

의문사 **อะไร**아라이를 사용해서 '이것이 무엇인지 물어보는 경우에 문맥에 따라 다른 의미의 질문이 될 수 있어요. 이때 **เป็น**삔은 '~이다'의 의미를 가진 지정사가 아니라 '~되다'의 의미를 가진 일반 동사로 기능하는 경우가 대부분이에요.

- นี่เป็นอะไร 니̂-뼨 아라̌이 이건 왜 이러니? (상태나 상황을 묻는 의미)
- เขาเป็นอะไร 카̌오 뼨 아라̌이 그는 무슨 일이 있니? (상황을 묻는 의미)
  / 그는 왜 그러니? (상태를 묻는 의미)

② 주어 + 동사 + (목적어) + อะไร아라̌이 ... 문장 형태 🎧 MP3 12_02

쿤 리̂-얀 파̌-싸̌- 아라̌이 카̂

คุณเรียนภาษาอะไรคะ

당신은 무슨 언어를
공부하나요?

난̂ 리̂-악 와̂- 아라̌이 카̂

นั่นเรียกว่าอะไรคะ

저것은 무엇이라고
부르나요?

난̂ 리̂-악 와̂- 마̌- 크랍

นั่นเรียกว่าหมาครับ

저것은 '마-(개)'라고
부릅니다.

쿤 탐 응아-ㄴ 아라̌이 카̂

คุณทำงานอะไรคะ

당신은 무슨 일을 하시나요?

쿤 탐 아-치̂-ㅂ 아라̌이 카̂

= คุณทำอาชีพอะไรคะ

당신은 어떤 직업을 갖고
계시나요?

아-치̂-ㅂ 커̌-ㅇ 쿤 (크-) 아라̌이 카̂

= อาชีพของคุณ(คือ)อะไรคะ

당신의 직업은 무엇인가요?

- 직업을 물어볼 때에도 의문사 **อะไร**아라이를 사용해요.

- 이 때는 **ผม/ดิฉันเป็น** 폼/디찬 뻰...이라고 답변해요.

 단어 알아보기!

ว่า 와̂- ~라고 | **หมา** 마̌- 개 | **ทำ** 탐 하다 | **งาน** 응아̄-ㄴ 일

 PLUS 🎧 MP3 12_03

อาชีพ아̄-치̂-ㅂ **직업**

단어	발음	뜻
ครู	크루-	선생님
อาจารย์	아̄-짜̄-ㄴ	교수님
นักเรียน	낙리-안	학생
นักศึกษา	낙쓱싸̌-	대학생
พนักงานบริษัท	파낙응아̄-ㄴ 버-리쌋	회사원
พ่อครัว	퍼̂-크루-아	요리사(남) * 여자의 경우 **แม่ครัว** 매̂-크루-아
พ่อค้า	퍼̂-카́-	선생님 * 여자의 경우 **แม่ค้า** 매̂-카́-
แม่บ้าน	매̂-바̂-ㄴ	가정주부, 가사 도우미
ข้าราชการ	카̂-라̂-ㅅ차̂까̄-ㄴ	공무원
ตำรวจ	땀루-앗	경찰
ทหาร	타하̌-ㄴ	군인
นักกีฬา	낙 낄라̌-	운동선수

의문사 ใคร크라이

- **ใคร**크라이는 '누구'라는 뜻을 가진 의문사예요.

- **ใคร**크라이가 활용된 질문도 대답을 할 때, 역시 질문의 문장 형태를 그대로 따르되, 의문사 **ใคร**크라이의 위치에 답변이 되는 단어를 대신 넣으면 돼요.

1 **ใคร**크라이 **+ เป็น**뻰 **/ คือ**크- **/ 일반동사 (+ 목적어)~ 문장 형태**

🎧 **MP3** 12_04

크라이 탐 아-하ˇ-ㄴ 크랍

ใครทำอาหารครับ

누가 음식을 하나요?

크라이 뻰 파낙응아-ㄴ 버-리쌋 커-ㅇ 쿤 카

ใครเป็นพนักงานบริษัทของคุณคะ

누가 당신 회사의
직원인가요?

크라이 크- 아-짜-ㄴ 커-ㅇ 쿤 크랍

ใครคืออาจารย์ของคุณครับ

누가 당신의
교수님인가요?

- 의문사 **ใคร**크라이가 문장 맨 앞에 위치 할 수 있어요.

- 이러한 질문에 대답할 때는 의문사 **ใคร**크라이의 위치에 답변이 되는 단어를 대신 넣으면 돼요.

2 주어 + เป็น뻰 / คือ크ー / 일반동사 (+ 목적어)
+ ใคร크라이 문장 형태

🎧 **MP3** 12_05

쿤 크루- 써ˇ-ㄴ 크라이 카ˊ

คุณครูสอนใครคะ

선생님은 누구를
가르치나요?

쿤 크루- 써ˇ-ㄴ 콘니- 크랍ˊ

คุณครูสอนคนนี้ครับ

선생님은 이 사람을
가르쳐요

탄ˆ 크- 크라이 크랍ˊ

ท่านคือใครครับ

저 분은 누구입니까?

탄ˆ 크- 쿤매ˆ 커ˇ-ㅇ 디찬 카ˊ

ท่านคือคุณแม่ของดิฉันค่ะ

저 분은 저의 어머니입니다.

- 의문사 **ใคร**크라이가 문장 맨 뒤에 위치 할 수도 있어요.

- 마찬가지로 대답할 때는 의문사 **ใคร**크라이의 위치에 답변이 되는 단어를 대신 넣으
  면 돼요.

 단어 알아보기!

สอน 써ˇ-ㄴ 가르치다 | **ท่าน** 탄ˆ 그 분, 저 분 (2인칭, 3인칭)

연습대화

MP3
12_06

สมชาย
쿤 지-인 크랍   콘 노-ㄴ 뻰 크라이 크랍
คุณจีอินครับ คนโน้นเป็นใครครับ
지인 씨, 저 사람은 누구인가요?

จีอิน
트ㅓ- 뻰 프-안 커-ㅇ 디찬 카
เธอเป็นเพื่อนของดิฉันค่ะ
그녀는 제 친구예요.

สมชาย
트ㅓ- 츠- 아라이 크랍
เธอชื่ออะไรครับ
그녀의 이름은 무엇인가요?

จีอิน
트ㅓ- 츠- 티다-랏 카
เธอชื่อธิดารัตน์ค่ะ
그녀의 이름은 티다랏이에요.

สมชาย
커- 토-ㅅ 크랍 트ㅓ- 탐응아-ㄴ 아라이 크랍
ขอโทษครับ เธอทำงานอะไรครับ
실례합니다만, 그녀는 무슨 일을 하나요?

จีอิน
트ㅓ- 뻰 아-짜-ㄴ 카
เธอเป็นอาจารย์ค่ะ
그녀는 교수님이에요.

단어 알아보기!

เพื่อน 프-안 친구 | **อาจารย์** 아-짜-ㄴ 교수

연습문제

다음의 한글을 태국어로 작문해봅시다.

01 당신의 직업은 무엇인가요?

_____

02 나는 회사원입니다.

_____

03 저 사람은 누구인가요?

_____

04 저 사람은 저의 선생님입니다.

_____

05 누가 태국 사람입니까?

_____

06 제가 태국 사람입니다. 이 사람은 라오스 사람입니다.

_____

제13강

당신은 왜 태국어를 공부합니까?
คุณเรียนภาษาไทยทำไมครับ/คะ

학습목표 🐘

- 의문사 **ทำไม**탐마이를 사용하여 의문문을 만들고, 이에 알맞은 답변을 할 수 있다.
- 의문사 **อย่างไร**야−ŏ라이를 사용하여 의문문을 만들고, 이에 알맞은 답변을 할 수 있다.
- 태국어의 수단과 방법을 나타내는 전치사 **โดย**도−이 / **ด้วย**두−∧아이 / **เป็น**뻰을 사용할 수 있다.
- 태국의 탈것을 구분하고 올바른 명칭으로 일컬을 수 있다.

핵심단어 🌸

- **ทำไม** 탐마이 왜
- **อย่างไร** 야−ŏ라이 어떻게
- **เพราะ** 프러 ∼때문에(단독으로 쓰일 때) / 그러므로, 그래서 (***จึง**쯩과 함께 쓰일 때)
- **จึง** 쯩 그러므로, 그래서 (*주어 뒤에 위치)
- **เพื่อ** 프−∧아 ∼위하여
- **โดย** 도−이 ∼을 타고, ∼통해서, ∼을 써서

- **ด้วย** 두−∧아이 ∼로(써) / ∼을 가지고
- **เป็น** 뻰 ∼로서, ∼로
- **กับ** 깝 ∼와 (*A **กับ** B의 형태로 활용)
- **กัน** 깐 서로 함께 한다는 것을 의미 (*동사 + (목적어) + **กัน** 혹은 ∼ **ด้วยกัน**의 형태로 활용)

핵심포인트

 의문사 ทำไม 탐마이

ทำไม 탐마이는 '왜'라는 의미를 가진 의문사예요. **ทำไม** 탐마이가 사용된 의문문은 이유를 묻기 위한 것이죠. 따라서 이에 대한 답변은 다음과 같이 표현할 수 있어요.

① 주어 + 상황 설명 동사 (+ 목적어) + **เพื่อ** 프-아 + 이유 설명 동사로 표현
② 주어 + 상황 설명 동사 (+ 목적어) + **เพราะ** 프러 (+ 주어) + 이유 설명 동사로 표현
③ **เพราะ** 프러 + 주어 + 이유 설명 동사 + 주어 + **จึง** 쯩 + 상황 설명의 동사로 표현

เพราะ 프러가 두 번째 절의 접속사로 쓰일 때는 단독으로 쓰여요. 그러나 **เพราะ** 프러가 첫 번째 절의 접속사로 쓰일 때는, 두 번째 절의 주어 뒤에 **จึง** 쯩이 함께 오는 경우가 많아요.

1 주어 + 동사 + (목적어) + ทำไม 탐마이 문장 형태 🎧 **MP3** 13_01

카오 아-ㄴ 낭쓰- 탐마이 크랍
เขาอ่านหนังสือทำไมครับ

그는 왜 책을 읽나요? /
그는 왜 공부를 하나요?

카오 아-ㄴ 낭쓰- 프-아 뜨리-암 써-ㅂ 카
เขาอ่านหนังสือเพื่อเตรียมสอบค่ะ

그는 시험을 대비하기 위해
책을 봅니다.

쿤 리-안 파-싸- 타이 탐마이 크랍

คุณเรียนภาษาไทยทำไมครับ

당신은 왜 태국어를
공부하나요?

디찬 리-안 파-싸- 타이 프러 디찬 처-ㅂ 쁘라테-ㅅ 타이 카

ดิฉันเรียนภาษาไทย
เพราะดิฉันชอบประเทศไทยค่ะ

저는 태국을 좋아하기 때문에
태국어를 공부합니다.

프러 디찬 처-ㅂ 쁘라테-ㅅ 타이 (디찬) 쯩 리-안 파-싸- 타이 카

=เพราะดิฉันชอบประเทศไทย
(ดิฉัน)จึงเรียนภาษาไทยค่ะ

저는 태국을 좋아하기 때문에
태국어를 공부합니다.

- 위의 두 문장은 같은 의미를 가지고 있어요. 다만 접속사 **เพราะ**프러의 위치가 달라졌지요.

- **เพราะ**프러가 첫 번째 절의 접속사로 쓰일 때는, 두 번째 절의 주어 뒤에 주로 **จึง**쯩이 함께 온다는 것 기억하세요.

 단어 알아보기!

เพราะ 프러 …때문에(단독으로 쓰일 때) / 그러므로, 그래서 (**จึง**쯩과 함께 쓰일 때) | **จึง** 쯩 그러므로, 그래서 (*주어 뒤에 위치한다) | **เพื่อ** 프-아 … 위하여 | **อ่าน** 아-ㄴ 읽다 | **เตรียม** 뜨리-얌 준비하다 | **สอบ** 써-ㅂ 시험보다

2 ทำไม탐마이 + 주어 + 동사 + (목적어) + ~ 문장 형태

🎧 MP3 13_02

탐마이 쿤 마- 쁘라테-ㅅ 까올리- 카

ทำไมคุณมาประเทศเกาหลีคะ

당신은 왜 한국에 왔나요?

폼 마- 쁘라테-ㅅ 까올리- 프-아 하- 응아-ㄴ 크랍

ผมมาประเทศเกาหลี
เพื่อหางานครับ

저는 취업을 하기 위해
한국에 왔습니다.

탐마이 카오 마이 마- 탐 응아-ㄴ 크랍

ทำไมเขาไม่มาทำงานครับ

그는 왜 출근하지 않았나요?

카오 마이 마- 탐 응아-ㄴ 프러 마이 싸바-이카

เขาไม่มาทำงาน
เพราะไม่สบายค่ะ

그는 아파서 출근하지
않았어요.

프러 카오 마이 싸바-이 (카오) 쫑 마이 마- 탐 응아-ㄴ 카

=เพราะเขาไม่สบาย
(เขา)จึงไม่มาทำงานค่ะ

그는 아파서 출근하지
않았어요.

의문사 **ทำไม**탐마이는 문장의 맨 앞 혹은 맨 뒤에 들어갈 수 있어요. 의문사의 위치
에 따른 큰 의미적 차이는 없지요. 다만 강조점의 차이로 인한 어감의 변화가 있어
요. 의문사를 문장 맨 앞에 첨가할 경우, '왜'라는 부분에 더 강조가 생겨요.

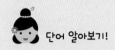 단어 알아보기!

มา 마- 오다 | หา 하- 찾다

3 เพราะอะไร프러 아라이를 사용한 ทำไม탐마이의 겸양적 표현

🎧 **MP3** 13_03

쿤 리-안 파-싸- 타이 프러 아라이 크랍

คุณเรียนภาษาไทยเพราะอะไรครับ

당신은 무엇 때문에 태국어를 공부하나요?

프러 아라이 쿤 마- 쁘라테-ㅅ 까올리- 카

เพราะอะไรคุณมาประเทศเกาหลีคะ

당신은 무엇 때문에 한국에 왔나요?

- 한편, **ทำไม**탐마이라는 의문사 대신 **เพราะอะไร**프러 아라이를 사용해서 '무엇 때문에' 라는 표현을 사용할 수 있어요.

- **เพราะอะไร**프러 아라이의 사용법은 의문사 **ทำไม**탐마이와 똑같아요. 따라서 **เพราะอะไร**프러 아라이 역시 문장 맨 앞 혹은 맨 뒤에 위치시킬 수 있죠. 다만 의문 사의 대체를 통해 직설적으로 묻는 대신 대신 부드러운 표현으로 바꾸는 것이죠.

- 이러한 질문에 대한 답변은 **เพราะ**프러를 넣어 '~때문에'라고 설명하거나, 혹은 동 사 앞에 **เพื่อ**프-아를 넣어 '~를 위해'라고 답하면 돼요.

의문사 อย่างไร야-ㅇ라이

🎧 **MP3** 13_04

콘 타이 낀 카^우 야-ㅇ 라이 크랍
คนไทยกินข้าวอย่างไรครับ

태국 사람은 어떻게 밥을 먹나요?

콘 타이 낀 카^우 두^아이 처^-ㄴ 깝 써^-ㅁ 카
คนไทยกินข้าวด้วยช้อนกับส้อมค่ะ

태국 사람은 숟가락과 포크로 밥을 먹습니다.

크러-ㅂ 크루-아 커^-ㅇ 탄 마- 티^ 니^ 야-ㅇ 라이 카
ครอบครัวของท่านมาที่นี่อย่างไรคะ

그분의 가족은 이곳에 어떻게 왔나요?

크러-ㅂ 크루-아 커^-ㅇ 탄 마- 티^ 니^ 도-이 택씨^- 크랍
ครอบครัวของท่านมาที่นี่
โดยแท็กซี่ครับ

그분의 가족은 택시를 타고 왔습니다.

쿤 푸^-ㅅ 깝 카오 야-ㅇ 라이 카
คุณพูดกับเขาอย่างไรคะ

당신은 그와 어떻게 말하나요?

폼 푸^-ㅅ 깝 카오 뻰 파-싸^- 타이 크랍
ผมพูดกับเขาเป็นภาษาไทยครับ

저는 그와 태국어로 말합니다.

อย่างไร야-ㅇ라이는 '어떻게'라는 의미를 가진 의문사예요. 수단이나 방법을 묻기 위한 의문사지요.

อย่างไร _{야-ㅇ라이}는 수단이나 방법을 묻기 위한 의문사라고 했지요? 이러한 질문에는 다음의 전치사를 사용하여 답할 수 있어요.

❶ **โดย** 도-이 + 명사 : …을(를) 타고, …통해서
　　　　　　　　+ 동사 : …을 써서
❷ **ด้วย** 두^아이 + 명사 : …로(써) / …을 가지고
❸ **เป็น** 뻰 + 명사 : …로서, …로

단어 알아보기!

กิน 낀 먹다 | **ข้าว** 카^우 밥, 쌀 | **ช้อน** 처-ㄴ 숟가락 | **ใช้** 차이 사용하다 | **ส้อม** 써-ㅁ 포크 | **กับ** 깝 ~와 (*A **กับ** B의 형태로 활용) | **กัน** 깐 서로 함께 한다는 것을 의미 (*동사 + (목적어) + **กัน** 혹은 ~ **ด้วยกัน**의 형태로 활용) | **แท็กซี่** 택씨- 택시 | **พูด** 푸-ㅅ 말하다

태국의 교통수단

태국에는 다양한 교통수단이 발달되어 있어요.

일반적으로 '타다'라는 표현은 **ขึ้น** 큰을 사용하고, '내리다' 라는 표현은 **ลง** 롱을 사용해요.

즉 〈**ขึ้น** + 교통수단 / **ลง** + 교통수단〉으로 표현합니다.

> **ขึ้นรถเมล์** 큰 롯메- 버스를 타다 ↔ **ลงรถเมล์** 롱 롯메- 버스에서 내리다

단, 예외적으로 배를 타고 내릴 때는 반대로 나타나기도 해요. 배를 타는 것은 **ลงเรือ** 롱 르-아, **ขึ้นเรือ** 큰 르-아 모두 사용할 수 있죠.

반대로 배에서 내려서 뭍으로 올라오는 것은 **ขึ้นฝั่ง** 큰 팡(fang)이라고 표현해요. **ฝั่ง** 팡(fang)은 해안, 육지를 뜻해요.

> {
> **ลงเรือ** 롱 르-아 배를 타다
> **ขึ้นเรือ** 큰 르-아 배를 타다 ↔ **ขึ้นฝั่ง** 큰 팡(fang) 배에서 내리다

단어 알아보기!

ตุ๊กตุ๊ก 뚝뚝 삼륜차 | **สองแถว** 써-ㅇ 태-우 트럭을 개조하여 좌석을 만든 차 | **รถเมล์** 롯 메- 버스 | **แท็กซี่** 택씨- 택시 | **รถไฟใต้ดิน** 롯 퐈이(fai) 따이 딘 지하철 | **รถไฟฟ้า บีทีเอส** 롯 퐈이(fai) 퐈-(faa) 비-티-에-ㅅ 전동차, BTS | **รถไฟ** 롯 퐈이(fai) 기차 | **เรือ** 르-아 배 | **เครื่องบิน** 크르-앙 빈 비행기

연습대화

MP3
13_05

쿤 마- 쁘라테-ㅅ 타이 탐마이 크랍

มินซู **คุณมาประเทศไทยทำไมครับ**
당신은 왜 태국에 왔나요?

디찬 마- 쁘라테-ㅅ 타이 프^아 리-안 파-싸^- 타이 카

จีอิน **ดิฉันมาประเทศไทย**
เพื่อเรียนภาษาไทยค่ะ
저는 태국어를 공부하기 위해 태국에 왔어요.

쿤 리-안 파-싸^- 타이 야^-ㅇ라이 크랍

มินซู **คุณเรียนภาษาไทยอย่างไรครับ**
당신은 어떻게 태국어를 공부하나요?

디찬 리-안 파-싸^- 타이 도-이 푸-ㅅ 쿠이 깝 쿤 티다-랏 카

จีอิน **ดิฉันเรียนภาษาไทยโดยพูดคุยกับ**
คุณธิดารัตน์ค่ะ
저는 티다랏 씨와 대화하는 것으로 태국어를 공부해요.

폼 리-안 파-싸^- 타이 두^아이 똔 에-ㅇ 크랍

มินซู **ผมเรียนภาษาไทยด้วยตนเองครับ**
저는 태국어를 스스로 공부하고 있어요. (독학하고 있어요)

단어 알아보기!

พูดคุย 푸^-ㅅ 쿠이 대화하다 | **ตนเอง** 똔 에-ㅇ 자기 자신, 본인 | **ด้วยตนเอง** 두^아이 똔 에-ㅇ 스스로

연습문제

🛺 **다음의 한글을 태국어로 작문해봅시다.**

01 당신은 이곳에 어떻게 왔습니까?

_____

02 저는 버스를 타고 이곳에 왔습니다.

_____

03 당신은 왜 태국어를 공부합니까?

_____

04 저는 태국인과 이야기하기 위해 태국어를 공부합니다.

_____

05 당신은 왜 태국에 갑니까?

_____

06 저는 태국 음식을 좋아해서 태국에 갑니다.

_____

제14강

당신의 집은 어디에 있나요?
บ้านของคุณอยู่ที่ไหนครับ

핵심포인트

의문사 ไหน_{나이}

바^ㄴ 커-ㅇ 쿤유-̀ 티- 나이̌ 카

บ้านของคุณอยู่ที่ไหนคะ

당신의 집은 어디에
있습니까?

바^ㄴ 커-̌ㅇ 폼유-̌ 티- 쏘-̌ㄴ 크랍

บ้านของผมอยู่ที่โซลครับ

저의 집은 서울에 있습니다.

푸^악 카오̌ 마- 짜-̀ㄱ 나이̌ 카

พวกเขามาจากไหนคะ

그들은 어디에서부터
왔습니까?

푸^악 카오̌ 마- 짜-̀ㄱ 끄룽테-^ㅂ 크랍

พวกเขามาจากกรุงเทพฯ ครับ

그들은 방콕에서부터
왔습니다.

쿤 마- 틍̌ 나이̌ 래-́우 카

คุณมาถึงไหนแล้วคะ

당신은 어디까지 왔나요?

이-̀ㄱ 쁘라마-ㄴ 하^- 나-티- 꺼̂- 틍̌ 크랍

อีกประมาณ 5 นาทีก็ถึงครับ

약 5분 뒤에 도착합니다.

- ไหน_{나이}는 '어디, 어느'라는 의미를 가진 의문사예요.

- ที่ไหน_{티- 나이}는 '어디서/어디에서'라는 뜻을 가지고 있지요. ไหน_{나이}가 사용된 의문문은 장소를 묻기 위한 것이에요.

- 의문사 ไหน_{나이}는 보통 '방향/장소/위치 전치사 + ไหน_{나이}'로 나타나요. 함께 활용될 수 있는 전치사는 다음과 같은 것들이 있습니다.

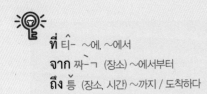

ที่ 티- ~에, ~에서

จาก 짜-ㄱ (장소) ~에서부터

ถึง 틍 (장소, 시간) ~까지 / 도착하다

단어 알아보기!

โซล 쏘-ㄴ 서울 │ **บ้าน** 바-ㄴ 집 │ **ประมาณ** 쁘라마-ㄴ 약, 대략 │ **อยู่** 유- 있다 (존재), 살다 │ **อีก** 이-ㄱ
더, 다시, 따로

반커-ㅇ쿤유-티-나이카

บ้านของคุณอยู่ที่ไหนคะ

당신의 집은 어디에 있습니까?

반커-ㅇ폼유-카-ㅇ나-크랍

บ้านของผมอยู่ข้างหน้าครับ

저의 집은 앞에 있어요.

뜨롱빠이카-ㅇ나-래리-아우싸-이크랍

ตรงไปข้างหน้าและเลี้ยวซ้ายครับ

앞쪽으로 직진하고, 좌회전하세요.

커-ㅇ랑로-ㅇ리-얀미-반커-ㅇ폼크랍

ข้างหลังโรงเรียนมีบ้านของผมครับ

학교 뒤쪽에 저의 집이 있습니다.

일상생활에서 길찾기와 위치 설명하기는 매우 중요해요. 'ㅇㅇ이 ~에 위치하고 있다'라고 표현하고 싶은 경우에는

{ ① ㅇㅇ **อยู่**유- + 위치표현 또는

② 위치 표현 + **มี**미- + ㅇㅇ + **อยู่**유-으로 표현할 수 있어요.

그럼 위치를 표현하는 데 활용되는 다음의 단어들을 살펴봅시다.

ข้าง 카-ㅇ 방향, 방면, 쪽	**จอด** 쩌-ㅅ 세우다	
ข้างๆ 캉카-ㅇ 옆쪽	**ตรงไป** 뜨롱빠이 직진하다	
ซ้าย 싸-이 왼, 좌	**เลี้ยว** 리-아우 돌다, 회전하다	
ขวา 콰- 오른, 우	**เลี้ยวขวา** 리-아우콰- 우회전하다	
หน้า 나- 앞, 전	**เลี้ยวซ้าย** 리-아우싸-이 좌회전하다	
หลัง 랑 뒤, 후		

바-ㄴ 커-ㅇ 쿤 유- 티- 나이 카

บ้านของคุณอยู่ที่ไหนคะ

당신의 집은 어디에 있습니까?

바-ㄴ 커-ㅇ 폼 유- 티- 타논 쑤쿰윗 써-이 이-씹 혹 크랍

บ้านของผมอยู่ที่ถนนสุขุมวิท ซอย 26 ครับ

저의 집은 쑤쿰윗 도로 26번 골목에 있습니다.

태국의 행정단위에 대해 알아봅시다.

방콕			
골목	도로	지구, 지역	구
ซอย	**ถนน**	**เขต**	**แขวง**
써-이	타논	케-ㅅ	쾌-ㅇ

지방			
리	면	군	도
หมู่บ้าน	**ตำบล**	**อำเภอ**	**จังหวัด**
무-바-ㄴ	땀본	암프ㅓ-	짱왓

태국에서 우편물에 주소를 쓸 때는 한국의 주소와 반대로 작은 단위부터 큰 단위로 써요. 즉, '리 → 면 → 군 → 도' 혹은 '골목명과 숫자 → 도로명 → 지구 → 구 → 방콕 시'의 형태로 쓰지요.

단, 택시 등의 교통수단을 타고 주소를 말할 때는 도로명을 먼저 이야기하고 골목명과 골목 번호를 이야기해야 해요. 큰 도로를 단서로 대략적인 위치를 먼저 찾은 후, 골목명을 따라 정확한 세부 주소지로 찾아가기 위해서이죠.

태국의 주소는 우리의 도로명주소와 비슷하게 큰 도로(**ถนน**타논) 혹은 작은 골목(**ซอย**써-이)을 두고 좌, 우로 홀수와 짝수를 나누어 순서대로 번호를 달아두었어요. 따라서 도로명을 말하고, 골목명을 말한 뒤, 골목 번호를 이야기하죠. 일부 도로는 골목명이 따로 없이 도로명에서 바로 번호로 이어지기도 한답니다.

태국어 주거지 형태
บ้านเดี่ยว 바-ㄴ 디-아우 **주택** 독채 형태의 주택
บ้านแฝด 바-ㄴ 퐤-ㅅ(faat) **트윈 하우스(twin house)** 이웃된 집 두 채가 같은 형태를 가지고 있으며, 한쪽 벽면을 공유하는 집의 형태
ทาวน์เฮาส์ 타-우 하우 **타운 하우스(Town house)** 두 채 이상 여러 채의 집이 줄지어 건설되어 있으며, 각각의 벽면을 공통으로 사용하되 개별 출입구를 갖는 형태의 집
แฟลต 플랫(flat) **공동주택 / อพาร์ตเมนต์** 아파-ㅅ 멘 **아파트먼트(Apartment)** 플랫(flat)혹은 아파트먼트(Apartment)는 콘도미니엄보다는 규모가 작거나 편의시설이 적은 공동주택을 의미
คอนโด(มิเนียม) 커-ㄴ 도-(미니얌) **콘도미니엄(condominium)** 우리나라의 주거용 아파트와 비슷한 주거 형태. 보통 높이가 높고, 다양한 편의시설을 갖추고 있으며, 크기는 원룸 형태에서 방이 여러 개 있는 형태까지 다양하다. 일반적으로 줄여서 **คอนโด** 커-ㄴ 도-라고 부른다.
บ้านเรือนไทย 바-ㄴ 르-안 타이 **태국 전통가옥** 나무로 짓고 집 아래를 기둥으로 받쳐 띄운 형태의 태국 전통가옥

อยู่유-와 มี미-의 차이점

🎧 MP3 14_04

쿤퍼^-유-버-리쌋
คุณพ่ออยู่บริษัท

아버지는 회사에 계신다.

쿤퍼^-미-버-리쌋
คุณพ่อมีบริษัท

아버지는 회사를 가지고
계신다.

폼 미-크러^-ㅂ 크루-아래-우
ผมมีครอบครัวแล้ว

저는 가정이 있습니다.

폼 유-깝 크러^-ㅂ 크루-아
ผมอยู่กับครอบครัว

저는 가족과 함께 삽니다.

● **อยู่**유-와 **มี**미-는 한국어로는 모두 동일하게 '있다'로 번역돼요. 하지만 숨어있는 속
뜻에는 차이가 있으므로 구분해서 사용하도록 해요.

{ **อยู่**유- : ~에 있다, 존재하다
{ **มี**미- : ~을 가지고 있다, 소유하고 있다

연습대화

MP3
14_05

쿤 쏨차-이 유- 깝 크러-ㅂ 크루-아 마이 카

จีอิน **คุณสมชายอยู่กับครอบครัวไหมคะ**

쏨차이 씨는 가족과 함께 사나요?

크랍, 폼 유- 깝 크러-ㅂ 크루-아 크랍

สมชาย **ครับ ผมอยู่กับครอบครัวครับ**

네, 저는 가족과 함께 살아요.

바-ㄴ 커-ㅇ 쿤 유- 티- 나이 카

จีอิน **บ้านของคุณอยู่ที่ไหนคะ**

당신의 집은 어디에 있나요?

바-ㄴ 커-ㅇ 폼 유- 티- 타논 쑤쿰윗 써-이 이-씹 혹 크랍

สมชาย **บ้านของผมอยู่ที่ถนนสุขุมวิท**

ซอย 26 ครับ

저의 집은 쑤쿰윗 도로 26 골목에 있어요.

바-ㄴ 커-ㅇ 디찬 유- 뜨롱 카-ㅁ 써-이 이-씹 혹 르ㅓ-이 카

จีอิน **บ้านของดิฉันอยู่ตรงข้าม**

ซอย 26 เลยค่ะ

저의 집은 바로 26 골목 맞은편에 있어요.

디찬 팍 유- 티- 써-이 이-씹 하- 카

ดิฉันพักอยู่ที่ซอย 25 ค่ะ

저는 25 골목에 살고 있어요.

짜-ㄱ 빠-ㄱ 써-이 이-씹 하- 틍 바-ㄴ 커-ㅇ 쿤 빠이 야-ㅇ 라이 크랍

สมชาย จากปากซอย 25
ถึงบ้านของคุณไปอย่างไรครับ

25 골목 입구에서 당신의 집까지 어떻게 가나요?

빠이 마이 야-ㄱ 카

จีอิน ไปไม่ยากค่ะ

가기 어렵지 않아요.

ㄷ ㅓ-ㄴ 뜨롱 빠이 짜-ㄱ 빠-ㄱ 써-이 쁘라마-ㄴ 싸-ㅁ 나-티-

เดินตรงไปจากปากซอย
ประมาณ 3 นาที

골목 입구에서부터 약 3분 동안 직진으로 걸어가고,

래-우 리-아우 콰- 래 리-아우 싸-이 꺼- 틍 바-ㄴ 커-ㅇ 디찬 카

แล้วเลี้ยวขวาและเลี้ยวซ้าย
ก็ถึงบ้านของดิฉันค่ะ

그리고 우회전하고 좌회전하면, 저의 집에 도착해요.

단어 알아보기!

พัก 팍 임시로 살다, 임시로 숙박하다, 쉬다 | **คุณพักอยู่ที่ไหน** 쿤 팍 유- 티- 나이 당신은 어디에 삽니까? |
ปากซอย 빠-ㄱ 써-이 골목 입구

연습문제

🛺 가장 가까운 대중교통 정류장에서 본인의 집까지의 길을 태국어로 설명해봅시다.

(สถานีรถไฟใต้ดิน 싸타-니- 롯 퐈이(fai) 따이 딘 지하철 역 | ป้ายรถเมล์ 빠-이 롯 메- 버스 정류장)

_____

_____

_____

_____

_____

_____

_____

_____

_____

_____

제15강

나는 대한민국에서 왔어요.

ผมมาจากเกาหลีใต้ครับ

학습목표

- 방향을 나타내는 명사를 **เหนือ**ᄂ̆ᅳ아 / **ใต้**따이 / **ตะวันออก**따완어-ㄱ / **ตะวันตก**따완똑을 사용할 수 있다.
- 위치를 나타내는 전치사 **ใน**나이 / **นอก**너-ㄱ / **ใต้**따이 / **บน**본을 사용할 수 있다.
- 방향을 나타내는 동사 **เข้า**카̂오 / **ออก**어-ㄱ / **ขึ้น**큰̂ / **ลง**롱을 사용할 수 있다.
- 방향을 나타내는 동사와 이동을 나타내는 동사 등을 사용하여, 동사와 형용사의 의미를 나타낼 수 있다.

핵심단어 ❁

- **ใน** 나이 안
- **นอก** 너̂-ㄱ 밖
- **ใต้** 따̂이 아래
- **บน** 본 위
- **เหนือ** ᄂ̆ᅳ아 북
- **ใต้** 따̂이 남

- **ตะวันออก** 따완어-ㄱ 동
- **ตะวันตก** 따완똑 서
- **เข้า** 카̂오 들어가다
- **ออก** 어-ㄱ 나가다
- **ขึ้น** 큰̂ 올라가다, 타다
- **ลง** 롱 내려가다, 내리다

핵심포인트

방향을 나타내는 명사

🎧 MP3 15_01

차-우 따완 똑 미 따- 또-

ชาวตะวันตกมีตาโต

서양인은 큰 눈을 가지고 있다.

폼 마-짜-ㄱ 쁘라테-ㅅ 까올리- 따이 크랍

ผมมาจากประเทศเกาหลีใต้ครับ

저는 남한에서 왔습니다.

까올리- 따이 깝 까올리- 느-아 차이 파-싸- 까올리- 쳰 디-아우깐

**เกาหลีใต้กับเกาหลีเหนือ
ใช้ภาษาเกาหลีเช่นเดียวกัน**

남한과 북한은 마찬가지로 한국어를 사용한다.

방향을 나타내는 명사를 살펴봅시다.

ทิศ 팃 방향, 방위	ใต้ 따이 남
เฉียง 치-앙 기울다	ตะวันออก 따완 어-ㄱ 동
เหนือ 느-아 북	ตะวันตก 따완 똑 서

ตะวัน^{따완}은 태양을 의미해요. 따라서 **ตะวันออก**^{따완 어-ㄱ}은 태양이 나오는 방향인 동쪽, **ตะวันตก**^{따완 똑}은 태양이 지는 방향인 서쪽을 의미하지요.

남한과 북한을 쉽게 **เกาหลีใต้**^{까올리- 따이} **เกาหลีเหนือ**^{까올리- 느-아}라고 부를 수도 있지만, 대한민국의 정식 명칭은 **สาธารณรัฐเกาหลี**^{싸-타-라나랏 까올리-}이고, 조선민주주의인민공화국은 **สาธารณรัฐประชาธิปไตยประชาชนเกาหลี**^{싸-타-라나랏 쁘라차-티빠따이 쁘라차-촌 까올리-}입니다.

위치를 나타내는 전치사

🎧 MP3 15_02

นาิ เอ-ชิ-อา ต่าวัน ออ-ก ชิ-อัง ตาิ มี- ซิบเอ็ต ปราเท-ศ
ในเอเชียตะวันออกเฉียงใต้ มี 11 ประเทศ

동남아시아에는 11개국이 있다.

ครอบครัวไปกินข้าวนอกบ้าน

가족들이 외식하러 간다.

위치를 나타내는 전치사를 살펴봅시다.

ใน 나이 안	**ใต้** 따이 아래
นอก 너-ㄱ 밖	**บน** 본 위

위치를 나타내는 전치사는 명사 앞에 위치해요.

전치사 **ใน**나이는 시간과 장소 앞에 모두 활용이 가능해요. 하지만 다른 3개의 전치사 **นอก**너-ㄱ / **ใต้**따이 / **บน**본은 장소를 나타내는 경우에만 활용돼요.

 단어 알아보기!

ชาว 차-우 사람, ~인. ~민 | **ตา** 따- 눈, 외할아버지 | **โต** 또- 크다 | **เอเชีย** 에-치-아 아시아

방향을 나타내는 동사

🎧 MP3 15_03

낙리-안 카오 허^o리-안
นักเรียนเข้าห้องเรียน
학생이 교실에 들어온다.

레우 레우 카오
เร็ว ๆ เข้า
서둘러라.

너^o 차-이 어-ㄱ 짜-ㄱ 바^-ㄴ
น้องชายออกจากบ้าน
동생은 집에서 나갔다.

너^o 차-이 짜-이 응원 어-ㄱ
น้องชายจ่ายเงินออก
동생이 돈을 냈다.

쿤퍼- 큰 롯메-
คุณพ่อขึ้นรถเมล์
아버지는 버스를 탄다.

피- 싸-우 쑤-아이 큰
พี่สาวสวยขึ้น
누나가 예뻐졌다.

쿤매^- 롱 반다이
คุณแม่ลงบันได
어머니는 계단을 내려간다.

쿤매^- 퍼-ㅁ 롱
คุณแม่ผอมลง
어머니는 날씬해졌다.

방향을 나타내는 동사를 살펴봅시다.

เข้า 카오 들어가다　　　　　　　ขึ้น 큰 올라가다. 타다
ออก 어-ㄱ 나가다　　　　　　　ลง 롱 내려가다. 내리다

방향을 나타내는 동사는 그 스스로 의미를 나타내는 본동사로 활용될 수 있어요.
하지만 다른 동사나 형용사의 뜻을 보조해주는 역할로도 활용될 수 있답니다. 위의
예문을 분석해보면 다음과 같아요.

{ นักเรียนเข้าห้องเรียน에서 เข้า카오는 본동사로서 '들어가다'라는 의미를 갖
는다.
เร็ว ๆ เข้า에서 เข้า카오는 동작의 독촉을 나타낸다 .

{ น้องชายออกจากบ้าน에서 ออก어-ㄱ은 본동사로서 '나가다'라는 의미를 갖
는다.
น้องชายจ่ายเงินออก에서 ออก어-ㄱ은 반대로 공간적, 심리적으로 나가거
나 멀어지는 상태 등을 의미한다.

{ คุณพ่อขึ้นรถเมล์에서 ขึ้น큰은 본동사로서 '올라가다'라는 의미를 갖는다.
พี่สาวสวยขึ้น에서 ขึ้น큰은 공간적, 심리적으로 늘어나거나 좋아지는 상태
등을 의미한다.

{ คุณแม่ลงบันได에서 ลง롱은 본동사로서 '내려가다'라는 의미를 갖는다.
คุณแม่ผอมลง에서 ลง롱은 공간적, 심리적으로 낮아지거나 줄어들거나 나빠
지는 상태 등을 의미한다.

연습대화

MP3
15_04

쿤 민쑤- 뻰 콘 까올리- 따이 차이 마이 카

ธิดารัตน์ **คุณมินซูเป็นคนเกาหลีใต้ใช่ไหมคะ**

민수 씨는 남한 사람이지요?

차이 크랍, 폼 마- 짜-ㄱ 까올리- 따이 크랍

มินซู **ใช่ครับ ผมมาจากเกาหลีใต้ครับ**

맞아요, 저는 남한에서 왔어요.

콘 까올리- 따이 깝 콘 까올리- 느-아 쿠이 깐 루- 르-앙 마이 카

ธิดารัตน์ **คนเกาหลีใต้กับคนเกาหลีเหนือคุยกัน**
รู้เรื่องไหมคะ

남한 사람과 북한 사람은 서로 말이 통하나요?

쿠이 깐 루- 르-앙 크랍

มินซู **คุยกันรู้เรื่องครับ**

말이 통해요.

까올리- 따이 깝 까올리- 느-아 차이 파-싸- 까올리- 쳰 디-아우깐 크랍

เกาหลีใต้กับเกาหลีเหนือ
ใช้ภาษาเกาหลีเช่นเดียวกันครับ

남한과 북한은 마찬가지로 한국어를 사용해요.

나이 에-치-아 따완 어-ㄱ 치-앙 따이 미- 씹엣 쁘라테-ㅅ

ธิดารัตน์ **ในเอเชียตะวันออกเฉียงใต้**
มี 11 ประเทศ

동남아시아에는 11개국이 있어요.

ธิดารัตน์
탕 씸엣 쁘라테-ㅅ 차이 파-싸- 티- 따-ㅇ깐 카

ทั้ง 11 ประเทศใช้ภาษาที่ต่างกันค่ะ
11개 나라 모두 서로 다른 언어를 사용해요.

จีอิน
쿤 민쑤-, 쿤 티다-랏 카오 마- 카-ㅇ 나이 카

คุณมินซู คุณธิดารัตน์เข้ามาข้างในค่ะ
민수 씨, 티다랏 씨, 안으로 들어오세요.

สมชาย
레우 레우 카오 크랍

เร็ว ๆ เข้าครับ
서두르세요.

카-ㅇ 나이 미- 라-이 콘

ข้างในมีหลายคน
안쪽에 많은 사람이 있어요.

미- 탕 차-우 따완똑 래 차-우 따완 어-ㄱ 크랍

มีทั้งชาวตะวันตกและชาวตะวันออกครับ
서양 사람도 있고, 동양 사람도 있어요.

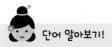 **단어 알아보기!**

คุย 쿠이 대화하다, 이야기를 나누다 | **หลาย** 라-이 여러, 많다, 다수이다 | **ต่าง** 따-ㅇ 다르다 | **รู้** 루- 알다 | **เรื่อง** 르-앙 일, 사정 | **รู้เรื่อง** 루-르-앙 (관용구) 말하여 알다, 말하여 서로 이해하다 | **ทั้ง... (และ)...** 탕 (래) 모두, 모든 / ~랑, ~도 모두

연습문제

다음의 그림과 제시된 한국어를 보고 태국어를 써봅시다.

남한: _____

북한: _____

동남아시아: _____

서양 사람: _____

동양 사람: _____

컴퓨터가 책상 위에 있다.
(คอมพิวเตอร์ 컴피우뜨ㅓ- 컴퓨터 | **โต๊ะ** 또 책상)

학생이 도서관 안에 있다.
(นักศึกษา 낙쏙싸- 대학생 | **ห้องสมุด** 허-ㅇ싸뭇 도서관)

아버지는 뚱뚱해졌다.
(อ้วน 우-안 뚱뚱하다)

푸켓(Phuket)

* 태국어 발음: 푸껫

눈부신 해변과 아름다운 자연환경으로 '아시아의 진주'라고 불리는 푸껫은 태국에서 가장 큰 섬이자 태국을 대표하는 관광지다. 방콕에서 862km 떨어져 있으며 비행기로 1시간20분, 육로로 약 14시간의 거리에 있다. 1980년대부터 개발이 됐고, 1992년에 내륙과 연륙되는 사라신 다리(Sarasin Bridge)가 놓이면서 섬이지만 육로로도 연결이 가능하게 되었다. 60km에 이르는 서해안을 따라 발달한 해변의 수준은 태국뿐 아니라 동남아에서도 상위 등급에 속한다.

제16강

서울에서 부산까지 시간이
얼마나 걸리나요?
จากโซลไปพูซานใช้เวลาเท่าไรครับ

학습목표

- 의문사 **เท่าไร** 타오라이를 이용하여 가격, 시간, 순서 등을 묻고 답할 수 있다.
- 의문사 **กี่** 끼-를 이용하여 수량, 수치, 시각 등을 묻고 답할 수 있다.
- 태국어의 수량사를 알고, 명사에 알맞은 수량사를 선택하여 사용할 수 있다.
- 태국어의 기수와 서수를 구분하여 올바르게 사용할 수 있다.

핵심단어

- **เท่าไร** 타오라이 얼마
- **กี่** 끼- 몇
- **ราคา** 라-카- 가격
- **บาท** 바-ㅅ 바트 (태국 화폐 단위)

- **สตางค์** 싸따-ㅇ 싸땅 (태국 화폐 단위)
- *1바트 = 100싸땅 (25싸땅, 50싸땅 두 종류의 동전이 있다)

핵심포인트

의문사 เท่าไร 타오라이

- **เท่าไร**타오라이는 '얼마'라는 의미의 의문사예요. 가격, 소요 시간, 순서 등을 물을 때 사용하지요.

 가격을 물을 때

🎧 **MP3** 16_01

니- 라-카- 타오라이 카
นี่ราคาเท่าไรคะ

이것은 얼마예요?

이-(Yi-)씹 하- 바-ㅅ 크랍
ยี่สิบห้าบาทครับ

25 바트예요

패-ㅇ 마-ㄱ 카, 롯 다이 마이 카
แพงมากค่ะ ลดได้ไหมคะ

너무 비싸요. 깎아주실 수 있나요?

롯 마이 다이 크랍
ลดไม่ได้ครับ

깎을 수 없어요.

니- 라-카- 투-ㄱ 래-우 크랍
นี่ราคาถูกแล้วครับ

이건 이미 싼 가격이에요.

- 가격을 물을 때 의문사 **เท่าไร**타오라이를 사용해요. 다른 부분을 모두 생략하고 **เท่าไรครับ/คะ**타오라이 크랍/카라고 의문사만으로도 가격을 물을 수 있어요.

한편, 동사 + (목적어) + **ได้**다이는 '~할 수 있다'라는 의미의 조동사예요. 위의 예문에서는 의문조사 **ไหม**마이를 덧붙여서 의문문으로 만들었어요. 이제 물건을 살 때 태국어로 가격 흥정을 할 수 있겠죠?

 단어 알아보기!

ราคา 라-카- 가격 | **ถูก** 투-ㄱ 싸다 | **แพง** 패-ㅇ 비싸다 | **ลด** 롯 깎다, 내리다, 줄다 | **ได้** 다이 ~수 있다 | **บาท** 바-ㅅ 바트 (태국 화폐 단위)

② 소요 시간을 물을 때

🎧 **MP3** 16_02

짜`-ㄱ 끄룽테^-ㅂ 빠이 푸-껫 차이 웨-ㄹ라- 타오라이 카

จากกรุงเทพฯ
ไปภูเก็ตใช้เวลาเท่าไรคะ

방콕에서 푸켓까지 시간이 얼마나 걸리나요?

차이 웨-ㄹ라- 능 추아 모-ㅇ 도-이 크르-앙빈 크랍

ใช้เวลา 1 ชั่วโมง
โดยเครื่องบินครับ

비행기로 1시간 걸립니다.

- 소요 시간을 물을 때에도 의문사 **เท่าไร**타오라이를 사용해요.

- **ใช้เวลาเท่าไร**차이 웨-ㄹ라- 타오라이라고 해서 시간이 얼마나 소요되는지를 물어봐요.

 단어 알아보기!

ใช้ 차이 쓰다, 사용하다 | **เวลา** 웨-ㄹ라- 시간(time) / ~때(when) | **ชั่วโมง** 추아 모-ㅇ 시간(hour)

3 순서를 물을 때

คุณเป็นลูกคนที่เท่าไรครับ
쿤 뻰 루-ㄱ 콘 티- 타오라이 크랍

당신은 몇 번째 자녀인가요?

ดิฉันเป็นลูกคนที่สามค่ะ
디찬 뻰 루-ㄱ 콘 티- 싸-ㅁ 카

저는 세 번째 자녀예요.

ดิฉันมีพี่สาว 2 คนค่ะ
디찬 미- 피- 싸-우 써-ㅇ 콘 카

저는 언니가 두 명 있어요.

● 순서를 물을 때 역시 의문사 **เท่าไร**타오라이를 사용해요.

● 순서를 물을 때는 **ที่เท่าไร**티- 타오라이라고 말하죠. 대답 앞에도 숫자 앞에 **ที่**티-를 붙
  여서 서수로 표현해요.

의문사 กี่끼-

กี่끼-는 '몇'이라는 의미를 갖는 의문사예요. 수량, 수치, 시각 등을 물을 때 사용해요.

1 **시각을 물을 때**   🎧 **MP3** 16_04

떠-ㄴ 니-끼- 모-ㅇ 래-우 카

ตอนนี้กี่โมงแล้วคะ
지금은 몇 시인가요?

떠-ㄴ 니- 빼-ㅅ 모-ㅇ 차오 크랍

ตอนนี้ 8 โมงเช้าครับ
지금은 오전 8시예요.

시각을 물을 때 역시 의문사 กี่끼-를 사용해요.

일반적으로 โมง모-ㅇ은 주간에 시간을 나타낼 때 '~시'라는 의미로 활용하지만, 시간을 물을 때는 낮/밤의 구분 없이 กี่โมง끼-모-ㅇ으로 물어봐요.

단어 알아보기!

โมง 모-ㅇ ~시(주간에 시각을 나타내는 단위) | **ตอนนี้** 떠-ㄴ 니- 지금 | **เช้า** 차오 오전

2 수량/가격을 물을 때 🎧 MP3 16_05

쿤 미- 피̂- 너-ㅇ 끼̀- 콘 크랍

คุณมีพี่น้องกี่คนครับ

당신은 형제가 몇 명
있습니까?

디찬 미- 피̂-너-ㅇ 씨̀- 콘 카̂

ดิฉันมีพี่น้อง 4 คนค่ะ

저는 형제가 4명 있어요.

안니̂- 끼̀- 바̀-ㅅ 카̂

อันนี้กี่บาทคะ

이건 몇 바트인가요?

안 라 써̌-ㅇ 바̀-ㅅ 크랍

อันละ 2 บาทครับ

개당 2바트예요.

● 수량과 가격을 물을 때도 역시 의문사 **กี่**끼̀- 를 사용해요.

● 수량은 일반적으로 **กี่**끼̀- + 수량사로 물어봐요. 수량사란 물체를 세거나 지칭할 때 붙이는 말이에요. 한국어에도 이런 단어가 있어요. '친구 두 명', '책 한 권'에 서 '명', '권'과 같은 것이죠. 수량사는 180페이지에서 자세히 알아보도록 해요.

● **ราคาเท่าไร**라̂-카- 타̂오라이 와 **กี่บาท**끼̀- 바̀-ㅅ 은 가격을 묻는 질문으로 문법상으로 같은 의미예요. 다만, **กี่บาท**끼̀- 바̀-ㅅ 의 경우 금액이 적은 경우에 활용되니 약간의 어감 차이가 있음을 알아두도록 해요.

 단어 알아보기!

อัน 안 개, 건 (다양한 모양의 물품을 표시하는 수량사) | **ละ** 라 ~당, ~마다

택 씨- 능 칸
แท็กซี่หนึ่งคัน

택시 한 대
*แท็กซี่คันหนึ่ง도 가능
택씨- 칸 능

과일 여섯 개
폰 라 마이 혹 루-ㄱ
ผลไม้หกลูก

콘 타이 싸-ㅁ 콘
คนไทยสามคน

태국인 세 명

나이 바-ㄴ 미- 허-ㅇ 나-ㅁ 써-ㅇ 허-ㅇ
ในบ้านมีห้องน้ำสองห้อง

집 안에 화장실이 두 개 있다.

안니- 타오 라이 카
อันนี้เท่าไรคะ

이것은 얼마입니까?

푸-잉 써-ㅇ 콘 난 크- 프-안 커-ㅇ 폼
ผู้หญิงสองคนนั้นคือเพื่อนของผม

이 여자 두 명은
내 친구에요.

수량사란 물체를 세거나 지칭할 때, 그 물체의 특징에 따라 첨가하는 단어예요. 우리말에서 책 한 **권**, 태국 사람 두 **명**과 같이 사용하고 있는 바로 그것이죠. 우리말에서도 앞의 명사에 따라 수량사를 다르게 사용하고 있지요? 다만, 태국어의 수량사가 우리말과 다른 점은 '이, 그, 저'로 나타나는 지시형용사 앞에도 첨가된다는 점이에요.

따라서, 수량사의 위치는 '명사 + (형용사) + **수사** + **수량사** + **(지시)형용사**'로 나타납니다. 수사나 (지시)형용사가 없는 문장일 때는 해당 위치를 비워두면 되겠죠?

단, 숫자가 1일 경우에는 예외적으로 수량사와 수사의 위치가 바뀔 수 있답니다.

이 MP3 박스는 본문 오디오 네비게이션

🎧 MP3　16_07

 **PLUS**

대표적인 수량사

กอง	꺼-ㅇ	군 부대, 벽돌, 모래 등 사람이나 물건의 더미를 세거나 가리킬 때
ก้อน	꺼-ㄴ	비누 등 덩어리 형태의 물건을 세거나 가리킬 때
คน	콘	사람을 세거나 가리킬 때 (*승려–**รูป** / 부처, 국왕 등 높은 사람–**พระองค์**)
คัน	칸	차량, 숟가락, 포크, 우산을 세거나 가리킬 때
คู่	쿠-	짝으로 된 물건을 세거나 가리킬 때, (신발, 양말, 젓가락 등)
เครื่อง	크르-앙	기계류를 세거나 가리킬 때 (TV, 컴퓨터, 세탁기, 냉장고 등)
ฉบับ	차밥	원고, 신문, 편지 등을 세거나 가리킬 때
ชิ้น	친	조각, 토막, 단편 등을 세거나 가리킬 때
ดวง	두-앙	원형 물체, 별, 마음 등을 세거나 가리킬 때
ตัว	뚜-아	동물, 인형, 의자, 책상 등을 세거나 가리킬 때
ที่	티-	자리, ~인분을 세거나 가리킬 때
ใบ	바이	낱장, 쪽을 세거나 가리킬 때
ฟอง	풔-ㅇ(fong)	계란을 세거나 가리킬 때
ม้วน	무-안	담배 개비 등과 같이 둥글게 말린 형태의 것을 세거나 가리킬 때

มัด	ม๊ัด (맛)	묶음 형태의 것을 세거나 가리킬 때
ลำ	람	비행기, 배 등과 같은 탈것이나 대나무, 수수 등과 같이 장형에 마디가 있는 것을 세거나 가리킬 때
ลูก	루-ㄱ	동그란 물체, 열쇠, 과일, 산, 태풍 등을 세거나 가리킬 때
เล่ม	렘	책, 작은 칼을 세거나 가리킬 때
วง	웡	악단, 둥근 모양의 것, 빙 둘러 앉은 그룹 등을 세거나 가리킬 때
เส้น	쎈	밧줄, 실 등과 같이 선 형태의 것을 세거나 가리킬 때
หลัง	랑	건물이나 주택을 세거나 가리킬 때
ห้อง	허-ㅇ	방을 세거나 가리킬 때
แห่ง	해-ㅇ	장소, 지역을 세거나 가리킬 때
อัน	안	기타 수량사가 명확히 정해지지 않았거나, 물체의 형태가 뚜렷하지 않을 것을 세거나 가리킬 때

기수와 서수

1 기수

MP3 16_08

1	2	3	4	5
หนึ่ง 능	สอง 써-ㅇ	สาม 싸-ㅁ	สี่ 씨-	ห้า 하-
6	7	8	9	10
หก 혹	เจ็ด 쩻	แปด 빼-ㅅ	เก้า 까오	สิบ 씹
11	12	13	14	15
สิบเอ็ด 씹엣	สิบสอง 씹써-ㅇ	สิบสาม 씹싸-ㅁ	สิบสี่ 씹씨-	สิบห้า 씹하-
16	17	18	19	20
สิบหก 씹혹	สิบเจ็ด 씹쩻	สิบแปด 씹빼-ㅅ	สิบเก้า 씹까오	ยี่สิบ 이-(yi-)씹
21	30	40	50	100
ยี่สิบเอ็ด 이-(yi-)씹엣	สามสิบ 싸-ㅁ씹	สี่สิบ 씨-씹	ห้าสิบ 하-씹	ร้อย 러-이
1,000	10,000	100,000	1,000,000	
(หนึ่ง)พัน (능)판	(หนึ่ง)หมื่น (능)므-ㄴ	(หนึ่ง)แสน (능)쌔-ㄴ	(หนึ่ง)ล้าน (능)라-ㄴ	

● 기수는 기본적인 숫자를 의미해요. 일, 이, 삼, 사… 혹은 하나, 둘, 셋, 넷…과 같은 것이지요.

- 태국어에서 가장 큰 단위는 **ล้าน**라-ㄴ(백만)이며, 이 이상의 단위는 **10 ล้าน**씹라-ㄴ (천만), **100 ล้าน**러-이라-ㄴ(억). **1000 ล้าน**판라-ㄴ(10억) … 등으로 나타내요.

- 구어체에서 100, 1,000, 10,000… 등 앞에 오는 숫자 1은 생략하거나 위치를 바꿀 수 있어요.

 서수

🎧 MP3 16_09

1번째	2번째	3번째	4번째	5번째
ที่หนึ่ง	**ที่สอง**	**ที่สาม**	**ที่สี่**	**ที่ห้า**
티-능	티-써-ㅇ	티-싸-ㅁ	티-씨-	티-하-
6번째	7번째	8번째	9번째	10번째
ที่หก	**ที่เจ็ด**	**ที่แปด**	**ที่เก้า**	**ที่สิบ**
티-혹	티-쩻	티-빼-ㅅ	티-까오	티-씹

- 서수는 순서를 나타내는 것이에요. 즉 '~번째'라는 의미를 나타내죠.

- 태국어의 서수는 기수 앞에 **ที่**티-를 붙여서 표현해요.

연습대화

ธิดารัตน์
쿤 민쑤- 카, 쿤 뻰 루-ㄱ 콘 티- 타오라이 카
คุณมินซูคะ คุณเป็นลูกคนที่เท่าไรคะ
민수 씨, 당신은 몇 째인가요?

มินซู
폼 뻰 루-ㄱ 콘 티- 싸-ㅁ 크랍, 폼 미- 피-싸-우 써-ㅇ 콘 크랍
ผมเป็นลูกคนที่ 3 ครับ ผมมีพี่สาว
2 คนครับ
저는 셋째에요. 저는 누나가 둘이 있어요.

쿤 티다-랏 라 크랍, 미- 피-너-ㅇ 끼- 콘 크랍
คุณธิดารัตน์ล่ะครับ มีพี่น้องกี่คนครับ
티다랏 씨는요? 형제가 몇 명 있나요?

ธิดารัตน์
디찬 뻰 루-ㄱ 콘 디-아우, 마이 미- 피-너-ㅇ 카
ดิฉันเป็นลูกคนเดียว ไม่มีพี่น้องค่ะ
저는 외동이에요. 형제자매가 없어요.

피-싸-우 커-ㅇ 쿤 유- 티- 까올리- 르-ㅓ 카
พี่สาวของคุณอยู่ที่เกาหลีหรือคะ
누나는 한국에 있나요?

มินซู
크랍, 피-싸-우 유- 므-앙 푸-싸-ㄴ 크랍
ครับ พี่สาวอยู่เมืองพูซานครับ
네, 누나는 부산에 살아요.

ธิดารัตน์ จากโซลไปพูซานใช้เวลาเท่าไรคะ

짜-ㄱ 쏘-ㄴ 빠이 푸-싸-ㄴ 차이 웨-ㄹ라- 타오라이 카

서울에서 부산까지는 시간이 얼마나 걸리나요?

มินซู ใช้เวลา 1 ชั่วโมงโดยเครื่องบินครับ

차이 웨-ㄹ라- 능 추아 모-ㅇ 도-이 크르-앙 빈 크랍

비행기로 한 시간 걸려요.

ธิดารัตน์ ตั๋วเครื่องบินราคาเท่าไรคะ

뚜아 크르-앙 빈 라-카- 타오라이 카

비행기 표는 가격이 얼마인가요?

มินซู 50,000 วอนครับ ราคาไม่แพงครับ

하-므-ㄴ 워-ㄴ 크랍, 라-카- 마이 패-ㅇ 크랍

오만 원이에요. 가격이 비싸지 않아요.

 단어 알아보기!

เดียว 디-아우 하나의 (*반드시 수량사 뒤에 위치한다.) | **ละ** 라 ~당, ~마다 | **ล่ะ** 라 (어조사) ~는요? |
เครื่องบิน 크르-앙 빈 비행기 | **ตั๋ว** 뚜-아 표 | **วอน** 워-ㄴ 원(한국 화폐 단위) | **เมือง** 므-앙 도시, 시

연습문제

🛺 다음의 한글을 태국어로 작문해봅시다.

01 집에서 학교까지 몇 시간 걸립니까?

_____

02 버스로 2시간 걸립니다.

_____

03 당신은 몇 번째 자녀입니까?

_____

04 나는 둘째입니다. 나는 형(오빠) 한 명이 있습니다.

_____

05 이 책은 얼마입니까?

_____

06 권당 225바트입니다.

_____

꺼 싸무이(Koh Samui)

태국의 수도인 방콕에서 약 700㎞, 비행기로 약 1시간 정도 소요되는 꺼 싸무이
는 태국에서 세 번째로 큰 섬으로 예로부터 사랑을 받아온 휴양지이기도 하다. '
코코넛 섬' 이라는 별명이 붙을 정도로 야자수가 무성하고 섬 둘레로 아름다운
해변이 둘러싸고 있다. 여행자들이 가장 몰리는 차웽 비치를 중심으로 최고급 숙
소들이 몰려있는 북쪽의 보풋, 매남, 총몬 비치가 있다.

제17강

당신은 몇 시에 일어납니까?
คุณตื่นนอนกี่โมงครับ

핵심단어 🌸

• **นาฬิกา** 나ー르ㄹ리까ー 시계, 시(時)
• **นาที** 나ー티ー 분
• **วินาที** 위나ー티ー 초
• **เวลา** 웨ー르라ー 시, 시간, 시각
  접속사 : ～할 때

• **เมื่อ** 므̂아 전치사 : ～때(時),
  접속사 : ～할 때
• **ตอน** 떠ーㄴ 전치사 : ～때(時), 나절

핵심포인트

 공식적인 시간 표현

🎧 MP3 17_01

8시	빼-ㅅ나-ㄹㄹ | 까- **แปดนาฬิกา**
09시 52분	까오 나-ㄹㄹ | 까- 하- 씹써-ㅇ 나-티- **เก้านาฬิกาห้าสิบสองนาที**
15시 30분	씹하- 나-ㄹㄹ | 까- 싸-ㅁ 씹나-티- **สิบห้านาฬิกาสามสิบนาที**
22시 05분 10초	이-(Yi-)씹 써-ㅇ 나-ㄹㄹ | 까- 하- 나-티- 씹 위나-티- **ยี่สิบสองนาฬิกาห้านาที** **สิบวินาที**

- 공식적인 시간 표현은 하루를 24시간을 기준으로 나누어 표현하는 방식이에요. 한국어의 시간 표현과 마찬가지로 **(숫자) 시 (숫자) 분 (숫자) 초**의 방식으로 표현해요.

- 공식적인 시간 표현은 주로 방송, 공지, 문서 등과 같이 공식적으로 시간을 나타낼 때 사용해요.

- 공식적인 시간을 글로 표현할 때는 시와 분 사이에 . 을 써서 구분하고 맨 뒤에 **น.** 를 써요.

읽을 때는 평소와 마찬가지로 (숫자) **นาฬิกา**나-ㄹㄹ|까- (숫자) **นาที**나-티-로 읽어
요.

예시 　เวลา 10.46 น. เวลาสิบนาฬิกาสี่สิบห้านาที 웨-ㄹ라-씹나-ㄹㄹ|까-씨-씹혹나-티-

 단어 알아보기!

นาฬิกา 나-ㄹㄹ|까- 시계, 시(時) | **นาที** 나-티- 분 | **วินาที** 위나-티- 초 | **เวลา** 웨-ㄹ라- 시, 시간, 시각

새벽 1시~5시	띠-능̀ ~ 띠-하̂ **ตีหนึ่ง - ตีห้า**
오전 6시~11시	혹 모-ㅇ 차오́ ~ 씹엣̀ 모-ㅇ 차오́ **หกโมงเช้า - สิบเอ็ดโมงเช้า**
정오	티̂-양(완̄) **เที่ยง(วัน)** *วัน(완̄)은 주로 생략
오후 1시~3시	바̀-이 (능̀) 모-ㅇ ~ 바̀-이 싸̌-ㅁ 모-ㅇ **บ่าย(หนึ่ง)โมง - บ่ายสามโมง** *1은 주로 생략
오후 4시~6시	씨̀- 모-ㅇ 옌 ~ 혹 모-ㅇ 옌 **สี่โมงเย็น - หกโมงเย็น**
저녁 7시~밤 11시	능̀ 툼̂ ~ 하̂- 툼̂ **หนึ่งทุ่ม - ห้าทุ่ม** *저녁 7시는 1로 다시 시작
자정	티̂-양 크-ㄴ **เที่ยงคืน**
새벽 1시 20분	띠-능̀ 이̀-(yi-) 씹 나-티- **ตีหนึ่งยี่สิบนาที**
오전 9시 10분	까오̂ 모-ㅇ (차오́) 씹 나-티- **เก้าโมง(เช้า)สิบนาที** *เช้า(차오́)는 생략

낮 12시 15분	티[^]-앙 (완) 씹하^ˇ-나-티- **เที่ยง(วัน)สิบห้านาที** *วัน(완)은 생략
오후 1시 32분	바^ˋ-이 (능) 모-ㅇ 싸^ˇ-ㅁ 씹써^ˇ-ㅇ 나-티- **บ่าย(หนึ่ง)โมงสามสิบสองนาที** *หนึ่ง(능)은 생략
오후 2시 6분	바^ˋ-이 써-ㅇ(모-ㅇ) 혹 나-티- **บ่ายสอง(โมง)หกนาที** *โมง(모-ㅇ)은 생략
오후 5시 30분	하[^]-모-ㅇ(옌) 싸^ˇ-ㅁ 씹 나-티- **ห้าโมง(เย็น)สามสิบนาที** *เย็น(옌)은 생략
	하[^]-모-ㅇ 크롱 **ห้าโมงครึ่ง**
저녁 7시 40분	능툼[^] 씨^ˋ-씹 나-티- **หนึ่งทุ่มสี่สิบนาที** *ทุ่ม(툼)은 1부터 다시 시작

- 일상생활에서의 시간 표현은 '새벽 – 오전 – 정오 – 오후 – 늦은 오후 – 저녁 – 자정'이 라는 7개의 시간대로 나누어서 표현해요.

- 일상생활에서 시간과 분을 함께 이야기할 때는, 가장 뒤에 오는 시간 구분을 생략 한다고 생각하면 일상생활에서의 시간 표현을 외우기 한결 쉬워질 거예요.

① 숫자 + **โมง**모-ㅇ + **เช้า**차오 / **เย็น**옌 → **เช้า**차오 / **เย็น**옌은 주로 생략한다.
② **บ่าย**바^ˋ-이 + 숫자 + **โมง**모-ㅇ → **โมง**모-ㅇ은 생략 가능하다.

• บ่าย 1 โมง 바-이능모-o(오후 1시)는 예외적으로 1을 대신 생략해요.

• 1 ทุ่ม능툼(저녁 7시)는 분을 나타내지 않을 때, 1을 위치를 바꿀 수 있어요. 한편,
  1 ทุ่ม능툼 (저녁 7시)와 분을 함께 나타낼 때는 1을 생략할 수 있어요.

 단어 알아보기!

โมง 모-o 시 (*주간의 시(時)를 나타냄) | นาที 나-티- 분
ตี 띠- 새벽 1시~5시 / 숫자 앞에 위치 | เช้า 차오 아침, 오전 6시~11시 / 숫자와 โมง 모-o 뒤에 위치
เที่ยง 티-앙 정확하다, 정오
{ เที่ยง(วัน) 티-앙 (완) 정오
{ เที่ยงคืน 티-앙 크-ㄴ 자정
บ่าย 바-이 오후, 오후 1시~3시 / 숫자와 โมง 모-o 앞에 위치
เย็น 옌 늦은 오후, 오후 4시~저녁 6시 / 숫자와 โมง 모-o 뒤에 위치
ทุ่ม 툼 시(時) (*저녁 7시에서 11시까지의 시) / 숫자 뒤에 위치
ครึ่ง 크룽 반, 절반

3 시간 묻고 답하기

🎧 **MP3** 17_03

떠ˇ-ㄴ니ˊ-끼- 모ˇ-ㅇ 크랍
ตอนนี้กี่โมงครับ

지금 몇 시 입니까?

떠ˇ-ㄴ니ˊ- 바ˋ-이 모ˇ-ㅇ 카ˋ
ตอนนี้บ่ายโมงค่ะ

지금은 오후 1시 반입니다.

쿤 낀 카ˆ-우 끼ˋ- 모ˇ-ㅇ 카ˊ
คุณกินข้าวกี่โมงคะ

당신은 몇 시에 밥을 먹나요?

폼 낀 카ˆ-우 떠ˇ-ㄴ 티ˆ-앙 크릉 크랍
ผมกินข้าวตอนเที่ยงครึ่งครับ

저는 12시 반에 밥을 먹어요.

쿤 르ㅓ̂-ㄱ 리-안 끼ˋ- 모ˇ-ㅇ 크랍
คุณเลิกเรียนกี่โมงครับ

당신은 언제 공부를
마치나요?

디ˋ찬 르ㅓ̂-ㄱ 리-안 떠ˇ-ㄴ 하ˆ-모ˇ-ㅇ 이ˋ-(yi-)씹 나-티- 카ˆ
ดิฉันเลิกเรียนตอน 5 โมง
20 นาทีค่ะ

저는 5시 20분에 공부를
마쳐요.

쿤 틍ˇ 바ˆ-ㄴ 끼ˋ- 모ˇ-ㅇ 카ˊ
คุณถึงบ้านกี่โมงคะ

당신은 몇 시에 집에
도착하나요?

폼 틍ˇ 바ˆ-ㄴ 떠ˇ-ㄴ 써ˇ-ㅇ 툼 크랍
ผมถึงบ้านตอน 2 ทุ่มครับ

저는 저녁 8시에 집에
도착해요.

쿤 카오 너-ㄴ 까- 모-ㅇ 크랍
คุณเข้านอนกี่โมงครับ

당신은 몇 시에 잠자리에
드나요?

디찬 카오 너-ㄴ 떠-ㄴ 티-앙 크-ㄴ 카
ดิฉันเข้านอนตอนเที่ยงคืนค่ะ

저는 자정에 잠자리에
들어요

쿤 뜨-ㄴ 너-ㄴ 까- 모-ㅇ 카
คุณตื่นนอนกี่โมงคะ

당신은 몇 시에 일어나나요?

폼 뜨-ㄴ 떠-ㄴ 띠-씨- 크랍
ผมตื่นตอนตีสี่ครับ

저는 새벽 4시에 일어납니다.

일반적으로 **โมง**모-ㅇ은 주간에 시간을 나타낼 때 '~시'라는 의미로 활용하지만, 시간을 물을 때는 낮/밤의 구분없이 **กี่โมง**까-모-ㅇ으로 물어봐요.

 단어 알아보기!

กิน 낀 먹다 | **ข้าว** 카-우 밥 | **เลิก** ㄹㅓ-ㄱ 끝나다, 마치다, 그만두다
นอน 너-ㄴ 눕다, 자다
{ **เข้านอน** 카오 너-ㄴ 잠자리에 들다
{ **ตื่น(นอน)** 뜨-ㄴ (너-ㄴ) 잠에서 깨다

시간 접속사 เมื่อ_{ㅁ̂-아}와 เวลา_{웨-ㄹ라}

MP3 17_04

ㅁ̂-아 카오 마- 하̌- 폼̌ 폼̌ 양 너-ㄴ 유- 나이 허̂-ㅇ 너-ㄴ

เมื่อเขามาหาผม
ผมยังนอนอยู่ในห้องนอน

그가 나를 찾아 왔을 때,
나는 아직 침실에서 자고
있었다.

웨-ㄹ라- 쓰- 커-ㅇ 디찬 처-ㅂ 타̌-ㅁ 라-카-

เวลาซื้อของ
ดิฉันชอบถามราคา

물건을 살 때,
나는 가격을 묻기를
좋아한다.

• 시간의 접속사는 **เมื่อ**_{ㅁ̂-아} / **ตอน**_{떠-ㄴ} / **เวลา**_{웨ㄹ라-} + 주어 + 동사 + (목적어) 의 형태로 나타나요. 문장 내에서는 시간의 부사구로 나타나죠.

• **เมื่อ**_{ㅁ̂-아} / **ตอน**_{떠-ㄴ}과 **เวลา**_{웨ㄹ라-}는 모두 '~할 때'라는 의미를 가지고 있어요.

• 다만, **เมื่อ**_{ㅁ̂-아} / **ตอน**_{떠-ㄴ}은 구어이고, 보통 단발적인 상황에서 활용되는 반면, **เวลา**_{웨ㄹ라-}는 구어이고, 일상적 혹은 반복적으로 일어나는 상황에서 활용된다는 차이가 있어요.

 단어 알아보기!

หา 하̌- 찾다 | **ซื้อ** 쓰- 사다 | **ถาม** 타̌-ㅁ 묻다 | **ของ** 커-ㅇ 물건

제17강 당신은 몇 시에 일어납니까? **197**

시간을 나타내는 전치사 ตอน떠-ㄴ과 เมื่อ므^아 🎧 MP3 17_05

므^아 (떠-ㄴ) 차오 낀 아라이 마-
เมื่อ(ตอน)เช้ากินอะไรมา
아침에 무엇을 먹고 왔나요?

차오 니- 폼 낀 카놈빵 마- 크랍
เช้านี้ผมกินขนมปังมาครับ
오늘 오전에는 빵을 먹고 왔습니다.

떠-ㄴ 옌 짜 빠이 나이
ตอนเย็นจะไปไหน
저녁 때 어디를 갈 거니?

떠-ㄴ 옌 폼 짜 빠이 두- 낭
ตอนเย็นผมจะไปดูหนัง
저녁 때 나는 영화를 보러 갈 거야.

● **ตอน**떠-ㄴ과 **เมื่อ**므^아는 시간을 나타내는 단어(군) 앞에 위치하여, '~때', '~에'라는 뜻으로 사용돼요.

● 단, 전치사로서 **เมื่อ**므^아를 사용하면, 이는 지나간 시점의 시간을 이야기하는 것이 랍니다.

 단어 알아보기!

ขนมปัง 카놈빵 빵 │ **หนัง** 낭 영화, 가죽 │ **จะ** 짜 (시제 조동사) ~할 것이다

ตอน의 활용

ตอนเช้า 떠-ㄴ 차오 오전에
ตอนบ่าย 떠-ㄴ 바이 오후에
ตอนเย็น 떠-ㄴ 옌 저녁에
ตอนเช้าตรู่ 떠-ㄴ 차오 뜨루- 이른 오전, 새벽에
ตอนกลางวัน 떠-ㄴ 끌라-ㅇ 완 점심에
ตอนกลางคืน 떠-ㄴ 끌라-ㅇ 크-ㄴ 밤에
ตอน 10 โมงเช้า 떠-ㄴ 씹 모-ㅇ 차오 오전 10시에
ตอนนี้ 떠-ㄴ 니- 지금
ตอนนั้น 떠-ㄴ 난 그 때

เมื่อ의 활용

เมื่อกี้นี้ 므-아 끼-니- 방금 전에   *구어체이므로 예외적으로 '니-'처럼 발음
เมื่อสักครู่ 므-아 싹 크루- 방금 전에
เมื่อก่อน 므-아 꺼-ㄴ 예전에
เมื่อสองวันก่อน 므-아 써-ㅇ 완 꺼-ㄴ 이틀 전에
เมื่อ(ตอน)เช้า 므-아 (떠-ㄴ) 차오 (지나간) 오전에
เมื่อตอนบ่าย 므-아 떠-ㄴ 바이 (지나간) 오후에
เมื่อตอนเย็น 므-아 떠-ㄴ 옌 (지나간) 저녁에

연습대화

MP3
17_06

มินซู

쿤 지인 크랍, 떠ㅡㄴ 차오 쿤 뜨ㅡㄴ 너ㅡㄴ 끼ㅡ 모ㅡㅇ 크랍

คุณจีอินครับ
ตอนเช้าคุณตื่นนอนกี่โมงครับ

지인 씨, 오전에 몇 시에 일어나세요?

จีอิน

뽁까띠 디찬 뜨ㅡㄴ 너ㅡㄴ 쩻 모ㅡㅇ 차오 카

ปกติดิฉันตื่นนอน 7 โมงเช้าค่ะ

보통 저는 오전 7시에 일어나요.

쿤 라카

คุณล่ะคะ

당신은요?

มินซู

폼 뜨ㅡㄴ 혹 모ㅡㅇ 차오 크랍

ผมตื่น 6 โมงเช้าครับ

저는 오전 6시에 일어나요.

จีอิน

뜨ㅡㄴ 레우 짱, 쿤 카오 너ㅡㄴ 끼ㅡ 모ㅡㅇ 카

ตื่นเร็วจัง คุณเข้านอนกี่โมงคะ

매우 일찍 일어나네요. 당신은 몇 시에 잠자리에 드나요?

มินซู

폼 카오 너ㅡㄴ 떠ㅡㄴ 하ㅡ 툼 크릉 크랍

ผมเข้านอนตอน 5 ทุ่มครึ่งครับ

저는 밤 11시 반에 잠자리에 들어요.

จีอิน
므ᅳ아차오꺼ᅳ뜬 혹모ᅳㅇ 차오르ᅳ카

เมื่อเช้าก็ตื่น 6 โมงเช้าหรือคะ

오늘 오전에도 6시에 일어났나요?

มินชู
차오 니ᅳ폼 뜬 띠ᅳ하ᄉ 크랍

เช้านี้ผมตื่นตี 5 ครับ

오늘 오전에는 새벽 5시에 일어났어요.

단어 알아보기!

ปกติ 뽁까띠(빠까띠) 보통 │ **เร็ว** 레우 일찍, 빠르다 │ **จัง** 짱 (구어) 굉장히, 매우

연습문제

다음의 한글을 태국어로 작문해봅시다.

01 당신은 몇 시에 버스를 탑니까?

_____

02 나는 오전 8시 20분에 버스를 탑니다.

_____

03 당신은 몇 시에 집에 도착합니까?

_____

04 나는 저녁 7시 30분에 집에 도착합니다.

_____

다음 시계가 가리키는 시간을 각각 공식적인 표현과 일상적인 표현으로 나타내봅시다.

01

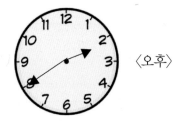

〈오후〉

공식적 시간 표현: _____

일상적 시간 표현: _____

02

〈늦은 오후〉

공식적 시간 표현: _____

일상적 시간 표현: _____

03

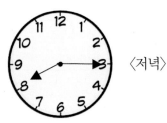

〈저녁〉

공식적 시간 표현: _____

일상적 시간 표현: _____

04

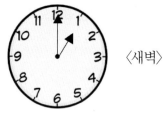

〈새벽〉

공식적 시간 표현: _____

일상적 시간 표현: _____

🛺 **자신의 하루 일과를 시간대별로 이야기해봅시다.**

_____

_____

_____

_____

_____

_____

_____

당신의 생일은 언제입니까?
วันเกิดของคุณเมื่อไรคะ

학습목표

- 의문사 **เมื่อไร** ᄆ̂-아라ᄀ̌이를 사용하여, 시간 혹은 시기를 묻고 답할 수 있다.
- 태국어의 요일을 지칭하는 단어를 알고 올바르게 발음할 수 있다.
- 태국어의 주일을 지칭하는 단어를 알고 올바르게 발음할 수 있다.
- 태국어의 월을 지칭하는 단어를 알고 올바르게 발음할 수 있다.
- 태국어의 연도를 지칭하는 단어를 알고 불기와 서기를 구분하여 올바르게 표현할 수 있다.

핵심단어

- **สัปดาห์** 쌉다̄- 주(週), 일주일
- **อาทิตย์** 아̄-팃 주(週), 일주일
- **เดือน** 드̄-안 월
- **ปี** 삐̄- 년, 해, 세
- **หน้า** 나̂ 다음의, 앞, 앞쪽
- **ที่แล้ว** 티̂- 래̂-우 지나간, 지난

핵심포인트

의문사 **เมื่อไร** 므^-아라이 🎧 **MP3** 18_01

쿤 끌랍 쁘라테-ㅅ 까올리- 므^-아라이

คุณกลับประเทศเกาหลีเมื่อไร

당신은 한국에 언제 돌아갈 건가요?

쿤 쓰- 컴피우뜨ㅓ- 크르-앙 니- 므^-아라이

คุณซื้อคอมพิวเตอร์เครื่องนี้เมื่อไร

당신은 이 컴퓨터를 언제 샀나요?

므^-아라이 폼 짜 푸-ㅅ 파-싸- 타이 다이 클르-ㅇ

เมื่อไรผมจะพูดภาษาไทยได้คล่อง

언제쯤에야 제가 태국어를 유창하게 말할 수 있을까요?

- **เมื่อไร**므^-아라이는 '언제'라는 의미를 가진 의문사로 문장 앞/뒤에 위치합니다. **เมื่อไร**므^-아라이가 활용된 의문문은 시점을 묻기 위한 것이에요.

- **เมื่อไร**므^-아라이의 문장 내 위치에 따른 큰 의미적 차이는 없지만 강조점의 차이로 인해 어감의 변화가 생깁니다. 문장 맨 앞에 첨가할 경우 '언제'라는 부분에 더 강조 가 생겨요.

❶ 주어 + 동사 + (목적어) + **เมื่อไร**므^-아라이
❷ **เมื่อไร**므^-아라이 + 주어 + 동사 + (목적어)

 단어 알아보기!

คล่อง 클르^-ㅇ 유창하다 | **~ได้** 다이 ~할 수 있다

요일

🎧 **MP3** 18_02

월요일	화요일	수요일	목요일
วันจันทร์ 완짠	วันอังคาร 완앙카ー ㄴ	วันพุธ 완풋	วันพฤหัส(บดี) 완 프르핫(싸버-디-)
금요일	**토요일**	**일요일**	
วันศุกร์ 완쑥	วันเสาร์ 완 싸오	วันอาทิตย์ 완 아-팃	*วัน 완 일

1 요일 묻기

🎧 **MP3** 18_03

완니- (뻰/크-) 완 아라이 크랍
วันนี้(เป็น/คือ)วันอะไรครับ

오늘은 무슨 요일입니까?

완니- (뻰/크-) 완 짠 카
วันนี้(เป็น/คือ)วันจันทร์ค่ะ

오늘은 월요일입니다.

므ˆ아 완 앙카ー ㄴ 디찬 유- 티- 바ˆㄴ 카
เมื่อวันอังคารดิฉันอยู่ที่บ้านค่ะ

화요일에 나는 집에
있었습니다.

나이 완 싸오 아-팃 폼 마ˆ이 탐 응아ー ㄴ 크랍
ในวันเสาร์-อาทิตย์ผมไม่ทำงานครับ

토, 일요일에 저는 일하지
않습니다.

요일을 물을 때는 의문사 **อะไร**<small>아라이</small>를 사용해요. 문법상 지정사 **เป็น**<small>뻰</small> / **คือ**<small>크-</small>를
넣을 수도 있지만, 보통 생략하고 이야기해요.

② 일자 묻기

🎧 MP3 18_04

완니- (뻰/크-) 완티- **타오라이 크랍**
วันนี้(เป็น/คือ)วันที่เท่าไรครับ

오늘은 **며칠**입니까?

완니- (뻰/크-) 완티- 이-(yi-)씹 엣 카
วันนี้(เป็น/คือ)วันที่ 21 ค่ะ

오늘은 21일입니다.

의문사 **เท่าไร**타오라이를 사용하면 일자를 묻는 의문문이 돼요. 문법상 지정사 **เป็น** 뻰/ **คือ**크를 넣을 수도 있지만, 보통 생략하고 이야기해요.

시간의 부사

🎧 MP3 18_05

완니- 쿤 리-안 파-싸-타이 므-아 라이 크랍
วันนี้คุณเรียนภาษาไทยเมื่อไรครับ

오늘 당신은 언제 태국어를 공부합니까?

완니- 마이 리-안 디찬 리-안 프룽니- 카
วันนี้ไม่เรียน ดิฉันเรียนพรุ่งนี้ค่ะ

오늘은 공부하지 않아요, 나는 내일 공부해요.

태국어에서 시간을 나타내는 부사를 알아보도록 해요.

그저께	어제	오늘	내일	모레
เมื่อวานซืน	**เมื่อวาน**	**วันนี้**	**พรุ่งนี้**	**มะรืนนี้**
므̂아와-ㄴ 쓰-ㄴ	므̂아와-ㄴ	완니-	프룽니-	마르-ㄴ니-

태국어의 주일 표현

🎧 MP3 18_06

태국어의 주일 표현을 알아보도록 해요.

지난주	이번 주	다음 주
อาทิตย์ที่แล้ว	**อาทิตย์นี้**	**อาทิตย์หน้า**
아-팃 티-래-우	아-팃 니-	아-팃 나̂

주말은 **สุดสัปดาห์**쑷쌉다- 혹은 **วันเสาร์-อาทิตย์**완싸오아-팃으로 표현할 수 있어요.

 단어 알아보기!

สัปดาห์ 쌉다- 주(週), 일주일 | **อาทิตย์** 아-팃 주(週), 일주일 | **หน้า** 나̂ 다음의, 앞, 앞쪽 | **ที่แล้ว** 티̂-래-우
지나간, 지난 | **สุด** 쑷 최후의, 말단의

태국어의 월 표현

🎧 MP3 18_07

태국어의 월 표현을 알아보도록 해요.

지난달	이번 달	다음 달
เดือนที่แล้ว	เดือนนี้	เดือนหน้า
드-안티-래-우	드-안니-	드-안나-

태국어의 12개월 표현

1월	2월	3월	4월
มกราคม	กุมภาพันธ์	มีนาคม	เมษายน
목까라-콤	꿈파-판	미-나-콤	메-싸-욘
5월	6월	7월	8월
พฤษภาคม	มิถุนายน	กรกฎาคม	สิงหาคม
프릇싸파-콤	미투나-욘	까라까다-콤	씽하-콤
9월	10월	11월	12월
กันยายน	ตุลาคม	พฤศจิกายน	ธันวาคม
깐야-욘	뚤라-콤	프릇싸찌까-욘	탄와-콤

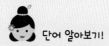 단어 알아보기!

เดือน 드-안 월

1 일 / 주 / 월 나타내기   🎧 MP3 18_08

싸̌-ㅁ 완 꺼̀-ㄴ **3 วันก่อน**	3일 전
싸̌-ㅇ 아-팃 꺼̀-ㄴ / 싸̌-ㅇ 아-팃 티̂- 래̌-우 **2 อาทิตย์ก่อน** 혹은 **2 อาทิตย์ที่แล้ว**	2주 전
싸̌-ㅇ 드-안 꺼̀-ㄴ / 싸̌-ㅇ 드-안 티̂- 래̌-우 **2 เดือนก่อน** 혹은 **2 เดือนที่แล้ว**	2달 전
이̀-ㄱ 싸̌-ㅁ 완 / 이̀-ㄱ 싸̌-ㅁ 완 카̂-ㅇ 나̂- **อีก 3 วัน** 혹은 **อีก 3 วันข้างหน้า**	3일 후
이̀-ㄱ 싸̌-ㅇ 아-팃 / 이̀-ㄱ 싸̌-ㅇ 아-팃 카̂-ㅇ 나̂- **อีก 2 อาทิตย์** 혹은 **อีก 2 อาทิตย์ข้างหน้า**	2주 후
이̀-ㄱ 싸̌-ㅇ 드-안 / 이̀-ㄱ 싸̌-ㅇ 드-안 카̂-ㅇ 나̂- **อีก 2 เดือน** 혹은 **อีก 2 เดือนข้างหน้า**	2달 후

위의 표에서 나타나지 않은 월, 주, 일을 표현할 때는 숫자를 활용해서 표현합니다.

① ~ 일 / 주 / 월 전

숫자 + **วัน / อาทิตย์ / เดือน + ก่อน** (숫자) 완/아-팃/드-안 꺼̀-ㄴ

숫자 + **อาทิตย์ / เดือน + ที่แล้ว** (숫자) 아-팃/드-안 티̂- 래̌-우

② ~ 일 / 주 / 월 후

อีก + 숫자 + **วัน / อาทิตย์ / เดือน** 이-ㄱ (숫자) 완/아-틧/드-안
อีก + 숫자 + **วัน / อาทิตย์ / เดือน + ข้างหน้า** 이-ㄱ (숫자) 완/아-틧/드-안카̂ㅇ나̂-

단어 알아보기!

ก่อน 꺼-ㄴ 전, 이전 | **ที่แล้ว** 티̂-래̂-우 지난, 지나간 | **อีก** 이-ㄱ 더 | **ข้างหน้า** 카̂ㅇ나̂- 앞, 다음

② **월 묻기**

🎧 **MP3** 18_09

드-안 니̑- (뻰/크-) 드-안 아라이 크랍
เดือนนี้(เป็น/คือ)เดือนอะไรครับ

이번 달은 무슨 달입니까?

드-안 니̑- (뻰/크-) 드-안 깐야-욘 카̀
เดือนนี้(เป็น/คือ)เดือนกันยายนค่ะ

이번 달은 9월입니다.

월을 물을 때는 의문사 **อะไร**아라이를 사용해요. 문법상 지정사 **เป็น**뻰 / **คือ**크-를 넣을 수도 있지만, 보통 생략하고 이야기해요.

태국어의 연도 표현

 MP3 18_10

ㅃ̄ㅡ니ㅡ (크ㅡ) ㅃ̄ㅡ (ㅍ̣ㅓㅡ쌔ㅡ) 아라이 크랍

ปีนี้ (คือ) ปี (พ.ศ.) อะไรครับ

올해는 몇 년도입니까?

ㅃ̄ㅡ니ㅡ (크ㅡ) ㅍ̣ㅓㅡ쌔ㅡ 쌔ㅡㅇ판 하ㅡ러ㅡ이 혹씹 엣

ปีนี้ (คือ) พ.ศ. 2561

올해는 2018년입니다.
(불기 2561년)

ㅃ̄ㅡ니ㅡ (크ㅡ) 커ㅡ쌔ㅡ 쌔ㅡㅇ판 씹 빼ㅡㅅ

ปีนี้ (คือ) ค.ศ. 2018

올해는 2018년입니다.

완니ㅡ 완 쑥 티ㅡ 씹싸ㅡㅁ 드ㅡ안 메ㅡ싸ㅡ욘 ㅍ̣ㅓㅡ쌔ㅡ 쌔ㅡㅇ판 하ㅡ러ㅡ이 혹씹 엣

วันนี้วันศุกร์ที่ 13
เดือนเมษายน พ.ศ. 2561

오늘은 2018년 4월 13일
금요일이다.

● 태국은 서기보다 543년 빠른 불기를 사용해요. 불기란, 부처가 열반한 해를 기준으로 삼는 것이죠. 발음상의 편의를 위해 대부분 불기는 **พ.ศ.**ㅍ̣ㅓㅡ쌔ㅡ로, 서기는 **ค.ศ.**커ㅡ쌔ㅡ로 각각 줄여서 읽고, 쓴답니다.

● 태국어의 연, 월, 일, 요일의 표기는 요일 – 일 – 월 – 연도 순으로 표기해요.

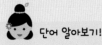 단어 알아보기!

ปี ㅃ̄ㅡ 년. 해. 세 | **พุทธศักราช** 풋타싹까라ㅡㅅ 불기 | **คริสต์ศักราช** 크릿싹까라ㅡㅅ 서기

연습대화

จีอิน

쿤 티다-랏 카, 완 끄ㅓ-ㅅ 커-ㅇ 쿤 므-아라이 카

คุณธิดารัตน์คะ วันเกิดของคุณเมื่อไรคะ

티다랏 씨, 당신의 생일은 언제인가요?

ธิดารัตน์

완끄ㅓ-ㅅ커-ㅇ디찬크-완프르핫티-싸-ㅁ드-안메-싸-욘퍼-씨-써-ㅇ판하-러-이싸-ㅁ씹하-카

วันเกิดของดิฉันคือวันพฤหัสที่ 3 เดือนเมษายน พ.ศ. 2535 ค่ะ

제 생일은 불기 2535년 4월 3일 목요일이에요.

쿤 끄ㅓ-ㅅ 완 티-타오라이 카

คุณเกิดวันที่เท่าไรคะ

당신은 며칠에 태어났나요?

จีอิน

디찬 끄ㅓ-ㅅ 완 티-씹까오 까라까다-콤 커-써- 능판 까오러-이 까오씹 써-ㅇ 카

ดิฉันเกิดวันที่ 19 กรกฎาคม ค.ศ. 1992 ค่ะ

저는 서기 1992년 7월 19일에 태어났어요.

ธิดารัตน์

커-써- 능판 까오러-이 까오씹 써-ㅇ 난 크- 퍼-써- 아라이 카

ค.ศ. 1992 นั้นคือ พ.ศ. อะไรคะ

서기 1992년은 불기로 몇 년도인가요?

จีอิน

크- 퍼-써- 써-ㅇ판 하-러-이 싸-ㅁ씹 하- 카

คือ พ.ศ. 2535 ค่ะ

불기 2535년이에요.

ธิดารัตน์ **แล้วคุณเกิดวันอะไรคะ**

래-우 쿤 끄ㅓ-ㅅ 완 아라이 카

그러면 당신은 무슨 요일에 태어났나요?

จีอิน **ดิฉันไม่รู้ว่า เกิดวันอะไรค่ะ**

디찬 마이 루- 와- 끄ㅓ-ㅅ 완 아라이 카

저는 무슨 요일에 태어났는지 몰라요.

ธิดารัตน์ **อ๋อ วันที่ 19 กรกฎาคม พ.ศ. 2535 คือวันอาทิตย์ค่ะ**

어-, 완 티- 씹 까오 까라까다-콤 퍼-써- 써-ㅇ판 하-러-이 싸-ㅁ씹 하- 크- 완 아-팃 카

아~, 불기 2535년 7월 19일은 일요일이네요.

*태국에서는 태어난 요일로 사람의 성격을 점 치곤 해요. 각자 자신이 태어난 요일이 무슨 요일인지 한번 찾아볼까요?

 **단어 알아보기!**

เกิด 끄ㅓ-ㅅ 태어나다, 출생하다 | **ถ้า** 타- 만약, 만일

🛺 다음의 한글 문장을 태국어로 작문해 봅시다.

01 지난 주말에 당신은 무엇을 했습니까?

_____

02 세 달 뒤는 3월이다.

_____

03 작년에 나는 태국에 있었다.

_____

04 올해는 불기 몇 년도 입니까?

_____

05 올해는 불기 2561년 입니다.

_____

06 오늘의 연(불기), 월, 일, 요일을 태국어로 쓰시오.

_____

제19강

저는 이 영화를 본 적이 있어요
ดิฉันเคยดูหนังเรื่องนี้ค่ะ

학습목표

- 조동사 **เคย**크ㅓ-이를 사용하여 경험을 표현할 수 있다.
- 조동사 **เพิ่ง**픙, **ได้**다이 ~ **แล้ว**래-우를 사용하여 과거 시제를 표현할 수 있다.
- 조동사 **กำลัง**깜랑 ~ **อยู่**유-를 사용하여 현재진행형을 표현할 수 있다.
- 조동사 **จะ**짜와 **กำลังจะ**깜랑짜를 사용하여 미래 시제를 표현할 수 있다.

핵심단어

- **เคย** 크ㅓ-이 ~해 본 적이 있다

- **ได้** 다이 과거 조동사 : ~이었다, ~했었다

- **แล้ว** 래-우 과거 조동사 : ~이 끝난, 완료된, 마친, 종결한

- **กำลัง** 깜랑 현재진행 조동사 : ~하는 중이다

- **อยู่** 유- 현재진행 조동사 : ~하는 중이다

- **จะ** 짜 미래 조동사 : ~할 것이다

- **กำลังจะ** 깜랑짜 미래 조동사 : ~하려고 하는 중이다, ~하려던 참이다

핵심포인트

조동사 เคย크ㅓ-이 : ~한 적이 있다

🎧 MP3 19_01

디찬 크ㅓ-이 두- 낭 르-^앙 니-
ดิฉันเคยดูหนังเรื่องนี้

나는 이 영화를 본 적이 있어요.

디찬 마이 크ㅓ-이 두- 낭 르-^앙 니-
ดิฉันไม่เคยดูหนังเรื่องนี้

나는 이 영화를 본 적이 없어요.

카오 크ㅓ-이 우-^안 꽈- 니-
เขาเคยอ้วนกว่านี้

그는 지금보다 뚱뚱했던 적이 있어요.

카오 마이 크ㅓ-이 우-^안 꽈- 니-
เขาไม่เคยอ้วนกว่านี้

그는 지금보다 뚱뚱했던 적이 없어요.

● **เคย**크ㅓ-이는 '~한 적이 있다/~해본 적이 있다'는 경험을 나타내는 조동사예요. 동사 앞에 위치한답니다.

● 주어 + **เคย**크ㅓ-이 + 동사/형용사 + (목적어)는 '~해본 적이 있다'라는 의미로 경험을 나타낼 수 있어요.

● **เคย**크ㅓ-이를 부정할 때는, 주어 + **ไม่**마이 + **เคย**크ㅓ-이 + 동사/형용사 + (목적어)로 표현해요. '~한 적이 없다/~해본 적이 없다'라는 의미예요.

 단어 알아보기!

ดู 두- 보다 | **หนัง** 낭 영화 | **เรื่อง** 르-^앙 (명사) 일, 이야기 / (수량사) 건(件), 이야기 | **กว่า** 꽈- ~보다도

조동사 ได้ 다̂이 ~ แล้ว래̀-우, เพิ่ง 픙̂

 1 조동사 ได้ 다̂이 : ~했다, ~됐다   🎧 **MP3** 19_02

> 폼 다̂이 아̀-ㄴ 낭쓰̌- 렘 니-
> ## ผมได้อ่านหนังสือเล่มนี้
>
> 나는 이 책을 읽었다.
>
> 폼 (양̄) 마̂이 다̂이 아̀-ㄴ 낭쓰̌- 렘 니-
> ## ผม(ยัง)ไม่ได้อ่านหนังสือเล่มนี้
>
> 나는 (아직) 이 책을 읽지 않았다.

- ได้다̂이는 '~했다/됐다'라는 의미로 과거를 나타내는 조동사예요. 동사 앞에 위치한 답니다.

- 주어 + ได้다̂이 + 동사 + (목적어)로 과거 시제를 표현할 수 있어요.

- ได้다̂이를 부정할 때는, 주어 + (ยัง양̄) + ไม่마̂이 + ได้다̂이 + 동사 + (목적어)로 표현 해요. '(아직) ~하지 않았다'라는 뜻이에요.

 단어 알아보기!!

ได้ 다̂이 과거 시제를 나타내는 조동사 | ยัง 양̄ 아직

❷ 후치 조동사 แล้วㄹㅐ-우 : ~이 끝난, 완료된, 마친, 종결한 🎧 **MP3** 19_03

폼 쩌-ㅇ 뚜ˇ-아 와이 래-우

ผมจองตั๋วไว้แล้ว

내가 표를 예매해 두었다.

폼 다이 쩌-ㅇ 뚜ˇ-아 와이 래-우

ผมได้จองตั๋วไว้แล้ว

내가 표를 예매해 두었다.

폼 마이 다이 쩌-ㅇ 뚜ˇ-아 와이

ผมไม่ได้จองตั๋วไว้

내가 표를 예매해 두지
않았다.

트ㅓ- 쑤-아이 큰 래-우

เธอสวยขึ้นแล้ว

그녀는 예뻐졌다.

트ㅓ- 마이 쑤ˇ-아이

เธอไม่สวย

그녀는 예쁘지 않다.

● **แล้ว**래-우는 '~이 끝난, 완료된, 마친, 종결한'이라는 뜻을 가진 후치 조동사로 동사 뒤에 쓰여 과거 또는 완료의 의미를 나타낸답니다. 문장 맨 뒤에 위치해서 어떠한 상황이나 행위가 완료되었다는 뜻을 나타내기 때문에, 과거의 의미를 나타내는 것 으로 쓰일 수 있어요.

● 주어 + 동사/형용사 + (목적어) + **แล้ว**래-우로, 상황이 완료되었음을 나타낼 수 있 어요.

● **ได้**다이와 **แล้ว**래-우는 모두 과거를 나타내는 의미를 가지고 있어요. 이 둘은 문장 내 에서 각각 독립적으로 사용될 수도 있고, 함께 사용될 수도 있답니다.

- **แล้ว**래-우를 부정할 때도 역시 주어 + **(ยัง**양) + **ไม่**마이 + **ได้**다이 + 동사 + (목적어) 로 표현할 수 있어요. 혹은 주어 + **ไม่**마이 + 형용사로 표현한답니다. '(아직) ~하지 않았다'라는 뜻이에요.

- 이때 부정문에서는 아직 행위나 상황이 완료되지 않은 상태이기 때문에, 문장 끝의 **แล้ว**래-우는 덧붙이지 않아요.

 단어 알아보기!

แล้ว 래-우 '끝난', '완료된', '마친', '종결한' 등의 완료를 나타내는 후치 조동사
จอง 쩌-ㅇ 예약하다 | **ไว้** 와이 ~해 두다 | **ตั๋ว** 뚜-아 표 | **สวย** 쑤-아이 아름답다, 예쁘다

3 조동사 เพิ่ง_픙 : 이제 막 ~했다, 방금 ~했다　🎧 MP3 19_04

폼 픙 낀 카-우 끌라-ㅇ 완 마- 크랍

ผมเพิ่งกินข้าวกลางวันมาครับ

저는 방금 점심을 먹고 왔어요

디찬 양 마이 다이 낀 카-우 끌라-ㅇ 완 카

ดิฉันยังไม่ได้กินข้าวกลางวันค่ะ

나는 아직 점심을 먹지 않았어요

- เพิ่ง_픙은 '이제 막 ~했다, 방금 ~했다'라는 의미의 조동사로 동사 앞에 위치해요.

- 주어 + เพิ่ง_픙 + 동사 + (목적어)로, '이제 막 ~했다, 방금 ~했다'라는 가까운 과거의 시제를 표현할 수 있어요.

- 조동사 เพิ่ง_픙을 부정할 때는 주어 + ยัง_양 + ไม่_{마이} + (ได้_{다이}) + 동사 + (목적어)로 표현해요. '아직 ~하지 않았다'라는 뜻이에요.

조동사 กำลัง_{깜랑}과 อยู่_{유-}

 조동사 กำลัง_{깜랑} : ~ 중이다 🎧 **MP3** 19_05

카ǒ오 깜랑 마î이싸바-이

เขากำลังไม่สบาย

그는 지금 몸이 좋지 않아요

폼 깜랑 카ǒ오 로-ㅇ낭ǎ

ผมกำลังเข้าโรงหนัง

나는 지금 영화관에 들어가고 있어요.

폼 양 마î이 다î이 카ǒ오 로-ㅇ낭ǎ

ผมยังไม่ได้เข้าโรงหนัง

나는 아직 영화관에 들어가지 않았어요.

- **กำลัง_{깜랑}**은 '~ 중이다'라는 의미의 조동사예요. 동사 앞에 위치해서 진행형을 나타내요.

- 주어 + **กำลัง_{깜랑}** + 동사/형용사 + (목적어)로 현재진행형을 표현할 수 있어요.

- **กำลัง_{깜랑}**을 부정할 때는 주어 + **กำลัง_{깜랑}** + **ไม่_{마î이}** + 동사/형용사 + (목적어) 혹은 주어 + **(ยัง_양)** + **ไม่_{마î이}** + 동사/형용사 + (목적어)로 표현해요. 각각 '~하고 있지 않다', '(아직) ~하지 않았다'라는 뜻이에요.

 단어 알아보기!

กำลัง 깜랑 현재진행 시제를 나타내는 조동사 | **โรงหนัง** 로-ㅇ낭ǎ 영화관

후치 조동사 อยู่유- : ~고 있다

🎧 **MP3** 19_06

디찬 깜랑 퍼- 짜이

ดิฉันกำลังพอใจ

나는 만족하는 중이다.

디찬 깜랑 마이 퍼- 짜이

ดิฉันกำลังไม่พอใจ

나는 만족하지 않고 있다.

낭 르-앙 니- 깜랑 차-이 유- 나이 로-ㅇ 낭

หนังเรื่องนี้กำลังฉายอยู่ในโรงหนัง

이 영화는 영화관에서
상영 중이다.

낭 르-앙 니- 양 마이 차-이 나이 로-ㅇ 낭

หนังเรื่องนี้ยังไม่ฉายในโรงหนัง

이 영화는 아직 영화관에서
상영하지 않는다.

- **อยู่**유-는 '~고 있다'라는 의미의 후치 조동사예요. 문장 맨 뒤에 위치하지요.

- 주어 + 동사, 형용사 + (목적어) + **อยู่**유-로 '~고 있다'라는 의미의 현재진행형을 표현할 수 있어요.

- **อยู่**유-는 본래 '있다, 존재하다'라는 뜻을 가지고 있는 동사예요. 후치 조동사로 사용될 때는 동사와 목적어 뒤에 위치하며, 진행형의 의미를 나타내지요.

- 조동사 **กำลัง**깜랑과 후치 조동사 **อยู่**유-는 문장 내에서 각각 독립적으로 사용될 수도 있으며, 함께 사용될 수도 있어요.

주어 + 동사/형용사 + (목적어) + **อยู่**유-로 긍정문을 표현했더라도, 부정문을 만들 때에는 주어 + **กำลัง**깜랑 + **ไม่**마이 + 동사/형용사 + (목적어) 혹은 주어 + (**ยัง**양) + **ไม่**마이 + 동사/형용사 + (목적어)로 표현해요. 각각 '~하고 있지 않다', '(아직) ~하지 않았다'라는 뜻이에요.

 단어 알아보기!

อยู่ 유- ~고 있다 / 있다, 존재하다 / 살다, 거주하다 | **พอใจ** 퍼-짜이 만족하다, 뜻에 맞다 | **ฉาย** 차-이 (영화를) 상영하다, 방영하다

조동사 จะ짜와 กำลังจะ깜랑 짜

1 조동사 จะ짜 : ~할 것이다

🎧 **MP3** 19_07

터-짜드-ㅁ 나-ㅁ 앗 롬
เธอจะดื่มน้ำอัดลม

그녀는 탄산음료를 마실 것이다.

터-짜 마이 드-ㅁ 나-ㅁ 앗 롬
เธอจะไม่ดื่มน้ำอัดลม

그녀는 탄산음료를 안 마실 것이다.

- **จะ**짜는 '~것이다'라는 미래 시제를 나타내는 의미의 조동사예요. 이 조동사도 역시 동사 앞에 위치해요.

- 주어 + **จะ**짜 + 동사/형용사 + (목적어)로 '~할 것이다'라는 의미의 미래시제를 표현할 수 있어요.

- 조동사 **จะ**짜를 부정할 때는 주어 + **จะ**짜 + **ไม่**마이 + 동사/형용사 + (목적어)로 표현하고, '~지 않을 것이다'라는 의미를 나타냅니다.

  🎯 **Tip** 보통 조동사를 부정할 때는 **ไม่**마이가 조동사 앞에 위치하지만, 미래 조동사 **จะ**짜와 현재 진행 조동사 **กำลัง**깜랑의 경우, 부정을 나타내는 **ไม่**마이가 조동사 뒤에 온답니다.

 단어 알아보기!

จะ 짜 미래 시제를 나타내는 조동사 | **ดื่ม** 드-ㅁ 마시다 | **น้ำอัดลม** 나-ㅁ 앗 롬 탄산음료

② 조동사 กำลังจะ_{깜랑짜} : ~하려고 하는 중이다, ~하려던 참이다

🎧 **MP3** 19_08

라오 깜랑 짜 쓰- 크르-앙 드-ㅁ

เรากำลังจะซื้อเครื่องดื่ม

우리는 음료를 사려는
중이다.

라오 깜랑 짜 마이 쓰- 크르-앙 드-ㅁ

เรากำลังจะไม่ซื้อเครื่องดื่ม

우리는 음료를 사지 않으려는
중이다.

- **กำลังจะ**_{깜랑짜}는 '~하려고 하는 중이다, ~하려던 참이다'라는 의미의 조동사로 가까운 미래 시제를 나타내요. 이 조동사 역시 동사 앞에 위치해요.

- 주어 + **กำลังจะ**_{깜랑짜} + 동사/형용사 + (목적어)로 '~하려고 하는 중이다, ~하려던 참이다'라는 의미의 임박한 미래를 표현할 수 있어요.

- 조동사 **กำลังจะ**_{깜랑짜}를 부정할 때는 주어 + **กำลังจะ**_{깜랑짜} + **ไม่**_{마이} + 동사/형용사 + (목적어)로 표현해요. '~하려고 하지 않는 중이다'라는 의미예요.

 단어 알아보기!

เครื่องดื่ม 크르-앙 드-ㅁ 음료

제19강 저는 이 영화를 본 적이 있어요 **227**

연습대화

MP3
19_09

จีอิน
쿤 크ㅓ-이 두- 낭 르^앙 니- 마이 카
คุณเคยดูหนังเรื่องนี้ไหมคะ
당신은 이 영화 본 적이 있어요?

สมชาย
마이 크ㅓ-이 크랍
ไม่เคยครับ
본 적이 없어요.

때- 크ㅓ-이 아-ㄴ 낭쓰- 크랍
แต่เคยอ่านหนังสือครับ
그런데 책은 읽은 적이 있어요.

จีอิน
완 니- 쿤 티다-랏 깝 디찬 라오 깜랑 짜 빠이 두- 낭 르^앙 니- 유- 퍼- 디-
วันนี้คุณธิดารัตน์กับดิฉัน
เรากำลังจะไปดูหนังเรื่องนี้อยู่พอดี
오늘 티다랏 씨와 제가 마침 이 영화를 보러 가려는 참인데요.

쿤 쏨차-이 빠이 두-아이 깐 마이 카
คุณสมชายไปด้วยกันไหมคะ
쏨차이 씨도 같이 가실래요?

สมชาย
디- 크랍
ดีครับ
좋아요.

폼 짜 추-안 쿤 민쑤- 빠이 두-아이

ผมจะชวนคุณมินซูไปด้วย

제가 민수 씨도 같이 가도록 권할게요.

아- 쿤 티다-랏 픙 틍 로-ㅇ 낭 므-아 싹 크루-카

จีอิน **อา คุณธิดารัตน์เพิ่งถึง**
โรงหนังเมื่อสักครู่ค่ะ

아, 티다랏 씨가 방금 전에 막 영화관에 도착했어요.

쿤 쩌-ㅇ 뚜-아 래-우 르- 양 크랍

สมชาย **คุณจองตั๋วแล้วหรือยังครับ**

영화표는 예매했나요, 아직 안 했나요?

마이 다이 쩌-ㅇ 뚜-아 와이 카

จีอิน **ไม่ได้จองตั๋วไว้ค่ะ**

표를 예매해두지 않았어요.

때- 쿤 티다-랏 깜랑 짜 쓰- 뚜-아 씨- 바이 티- 로-ㅇ 낭 카

แต่คุณธิดารัตน์กำลังจะซื้อ
ตั๋ว 4 ใบที่โรงหนังค่ะ

그런데 티다랏 씨가 영화관에서 표 4장을 사려는 중이에요.

 **단어 알아보기!**

แต่ 때- 그러나, 그렇지만, 그런데 | **พอดี** 퍼-디- 마침, 꼭 맞다, 딱 알맞다 | **ชวน** 추-안 권(유)하다 |
ด้วย(กัน) 두-아이 (깐) 같이, 함께, ~도 역시 | **เมื่อสักครู่** 므-아 싹 크루- 방금, 방금 전

연습문제

다음의 한글을 태국어로 작문해봅시다

01 그는 막 잠에서 일어났다.

_____

02 나는 점심을 먹었다.

_____

03 그녀는 잘 지낸다.

_____

04 내년에 나는 태국에 갈 것이다.

_____

05 나는 태국음식을 먹어본 적이 있다.

_____

06 지난주 월요일에 그는 영화를 보았다.

_____

위에 태작한 문장을 부정문 형태로 바꿔봅시다.

01 그는 막 잠에서 일어났다. → 그는 아직 일어나지 않았다.

_____

02 나는 점심을 먹었다. → 나는 아직 점심을 먹지 않았다.

_____

03 그녀는 잘 지낸다. → 그녀는 몸이 좋지 않은 중이다.

_____

04 내년에 나는 태국에 갈 것이다. → 내년에 나는 태국에 가지 않을 것이다.

_____

05 나는 태국 음식을 먹어본 적이 있다. → 나는 태국 음식을 먹어본 적이 없다.

_____

06 지난주 월요일에 그는 영화를 보았다.
　　 → 지난주 월요일에 그는 영화를 보지 않았다.

_____

치앙마이(Chiang Mai)

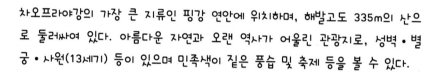

차오프라야강의 가장 큰 지류인 핑강 연안에 위치하며, 해발고도 335m의 산으로 둘러싸여 있다. 아름다운 자연과 오랜 역사가 어울린 관광지로, 성벽·별궁·사원(13세기) 등이 있으며 민족색이 짙은 풍습 및 축제 등을 볼 수 있다.

제20강

저는 아침부터 머리가 아팠어요
ผมปวดหัวตั้งแต่เช้าครับ

학습목표 🐘

• 신체의 각 부분 명칭을 태국어로 올바르게 표현할 수 있다.
• 조동사 **กรุณา**까루나- 와 **ขอ**커-, **ช่วย**추-아이를 사용하여 요구를 표현할 수 있다.
• 조동사 **อยาก**야-ㄱ 과 **ต้องการ**떠-ㅇ까-ㄴ을 사용하여 필요, 요구를 표현할 수 있다.
• 전치사 **ตั้งแต่**땅때- ~ **จนถึง**쫀틍을 사용해서, 시간의 구간을 표현할 수 있다.

핵심단어 🌸

• **กรุณา** 까루나- 조동사 : ~해주십시오

• **ขอ** 커- 조동사 : ~해주세요, ~주세요

• **อยาก** 야-ㄱ 조동사 : ~하고 싶다

• **ต้องการ** 떠-ㅇ까-ㄴ 조동사, 동사 : ~하고 싶다, ~을 원하다

• **ป่วย** 뿌-아이 병이 나다, 아프다

• **ปวด** 뿌-앗 아프다, 통증이 있다. (막연하게 한 부분이) 아프다

• **เจ็บ** 쩹 (분명하게 한 부분이) 아프다. (상처·수술 등으로) 아프다

신체 명칭

🎧 MP3 20_01

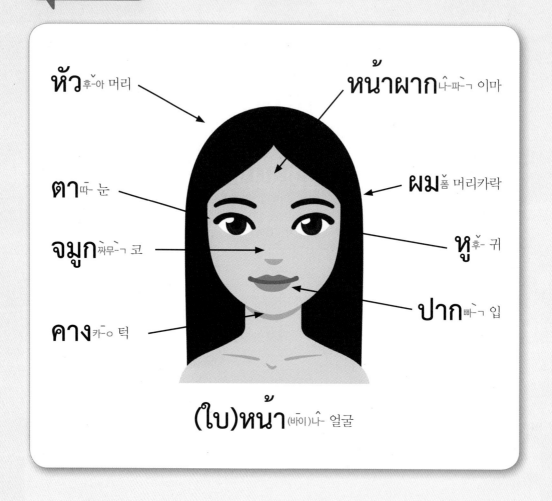

หัว 후ˇ아 머리

หน้าผาก 나ˆ-파ˋ-ㄱ 이마

ตา 따ˇ 눈

ผม 폼ˇ 머리카락

จมูก 짜무ˋ-ㄱ 코

หู 후ˇ- 귀

คาง 카ˉ-ㅇ 턱

ปาก 빠ˋ-ㄱ 입

(ใบ)หน้า (바이)나ˆ 얼굴

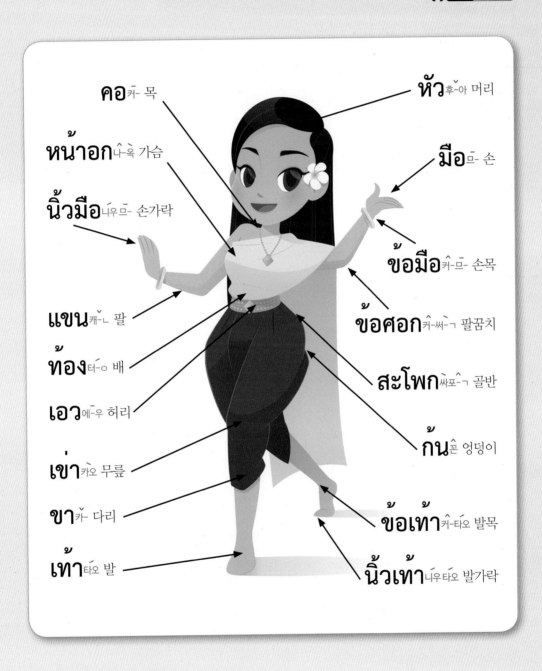

คอ 커- 목

หัว 후-아 머리

หน้าอก 나̂-옥 가슴

มือ 므- 손

นิ้วมือ 니우므- 손가락

ข้อมือ 커̂-므- 손목

ข้อศอก 커̂-써̂-ㄱ 팔꿈치

แขน 캐̌-ㄴ 팔

ท้อง 터́-ㅇ 배

สะโพก 싸포-̂ㄱ 골반

เอว 에-̌우 허리

ก้น 꼰̂ 엉덩이

เข่า 카오 무릎

ขา 카̌ 다리

ข้อเท้า 커̂-타오 발목

เท้า 타́오 발

นิ้วเท้า 니우타오 발가락

 조동사 กรุณา _{까루나-} **/ ขอ** _{커-} **/ ช่วย** _{추-^아이}

① 조동사 กรุณา _{까루나-} : ~해주십시오   🎧 MP3 20_03

까루나- 삣 쁘라뚜-

กรุณาปิดประตู

문을 닫으시오

까루나- 터-ㅅ 러-ㅇ 타오

กรุณาถอดรองเท้า

신발을 벗으십시오

- **กรุณา** _{까루나-} 는 '~해주십시오'라는 의미의 조동사로 문장 맨 앞에 위치해요.

- **กรุณา** _{까루나-} 를 활용한 문장은 정중한 부탁이나 요구를 나타내는 문장이기 때문에 일반적으로 주어는 생략하고 바로 **กรุณา** _{까루나-} + 동사 + (목적어)로 표현해요.

- 조동사 **กรุณา** _{까루나-} 는 주로 문어체나 격식체에서 사용해요.

 단어 알아보기!

ปิด _삣 닫다 | **ประตู** _{쁘라뚜-} 문 | **ถอด** _{터-ㅅ} 벗다 | **รองเท้า** _{러-ㅇ 타오} 신발

2 부동사 ขอ커- : ~해주세요, ~주세요 🎧 MP3 20_04

커-ㄴ나-ㅁ러-ㄴ크랍
ขอน้ำร้อนครับ
뜨거운 물 주세요.

커-야-깨-뿌-앗카
ขอยาแก้ปวดค่ะ
진통제 주세요.

커-두-너-이
ขอดูหน่อย
(제가) 좀 볼게요 /
(저에게) 좀 보여주세요.

커-빠이콘디-아우
ขอไปคนเดียว
(제가) 혼자 가게 해주세요.

● **ขอ**커-는 '~해주세요'라는 의미의 조동사로 쓰이거나, '~주세요'라는 의미의 동사로 쓰여요. 보통 문장 맨 앞에 위치해요.

● 조동사 **ขอ**커-를 활용한 문장은 요구나 부탁을 할 때 사용돼요. 주로 주어를 생략해서 활용하며, 대부분 구어에서 사용합니다.

{
ขอ커- + 명사 = ~주세요
ขอ커- + 동사 = (화자가) ~하게 해주세요
}

 단어 알아보기!

น้ำ 나-ㅁ 물 (*합성어로 앞에 쓰일 땐 남으로 짧게 발음) | **ร้อน** 러-ㄴ 덥다, 뜨겁다 | **ยา** 야- 약 | **แก้** 깨-
(병을) 치료하다, (통증을) 그치게 하다, 고치다, 수정하다 | **ปวด** 뿌-앗 아프다, 통증이 있다

③ 조동사 ช่วย 추-^아이 : ~해주세요

🎧 **MP3** 20_05

추-^아이 라오̂ 아-까̀-ㄴ 너̀이 크랍́

ช่วยเล่าอาการหน่อยครับ

증상을 좀 이야기 해주세요.

추-^아이 쁠래- 뻰 파-싸̌- 까올리̌-크랍́

ช่วยแปลเป็นภาษาเกาหลีครับ

한국어로 번역해주세요.

추-^아이 두-̂아이

ช่วยด้วย

도와주세요!

* 위급 상황에서 도움을 요청할 때

- ช่วย추-^아이는 '돕다'라는 뜻의 동사이지만, '~해주세요'라는 의미의 조동사로 쓰일 수 있어요. 보통 문장 맨 앞에 위치해요.

- ช่วย추-^아이 : + 동사 = (청자가) ~해주세요

- ขอ커̌-와 ช่วย추-^아이는 한국어로 모두 '~해주세요'로 번역되지만, ขอ커̌-는 말하고 있는 사람이 '(제가) ~하게 해주세요'라는 의미이고, ช่วย추-^아이는 듣고 있는 사람 에게 '(당신이) ~해주세요'라고 말하는 의미예요.

- ช่วย추-^아이 역시 주로 주어를 생략해서 활용하며, 구어에서 사용돼요.

 단어 알아보기!

เล่า 라오̂ 말하다, 진술하다 | **อาการ** 아-까̀-ㄴ 상태, 용태, 증상 | **แปล** 쁠래-(쁘ㄹㄹㅐ-) 번역하다, 해석하다

조동사 อยาก야`-ㄱ / ต้องการ떠`-ㅇ까`-ㄴ

1 조동사 อยาก야`-ㄱ : ~하고 싶다

🎧 **MP3** 20_06

디찬 야`-ㄱ 낀 야- 깨- 뿌`-앗카

ดิฉันอยากกินยาแก้ปวดค่ะ

저는 진통제를 먹고 싶어요.

폼 마`이 야`-ㄱ 퍼`-ㅁ 롱 크랍

ผมไม่อยากผอมลงครับ

저는 날씬해지고 싶지 않아요.

- **อยาก**야`-ㄱ은 '~하고 싶다'라는 의미의 조동사로 동사, 형용사 앞에 위치해요.

- 주어 + **อยาก**야`-ㄱ + 동사/형용사 + (목적어)로 '하고 싶다'라는 요구의 표현을 할 수 있어요.

- **อยาก**야`-ㄱ이 활용된 문장을 부정하고 싶을 때는, 주어 + **ไม่**마`이 + **อยาก**야`-ㄱ + 동사/형용사 + (목적어)로 표현해요. '~하고 싶지 않다'라는 뜻이에요.

단어 알아보기!

อยาก 야`-ㄱ ~하고 싶다 | **ผอม** 퍼`-ㅁ 마르다. 날씬하다

② 조동사 **ต้องการ**떠-ㅇ까-ㄴ : ~원하다

🎧 **MP3** 20_07

디찬 떠-ㅇ 까-ㄴ 야- 깨- 뿌-앗 카

ดิฉันต้องการยาแก้ปวดค่ะ

나는 진통제를 원합니다.

디찬 떠-ㅇ 까-ㄴ 낀 야- 깨- 뿌-앗 카

ดิฉันต้องการกินยาแก้ปวดค่ะ

나는 진통제를 먹기를
원합니다.

폼 마이 떠-ㅇ 까-ㄴ 남 옌 크랍

ผมไม่ต้องการน้ำเย็นครับ

나는 차가운 물을 원하지
않습니다.

폼 마이 떠-ㅇ 까-ㄴ 드-ㅁ 남 옌 크랍

ผมไม่ต้องการดื่มน้ำเย็นครับ

나는 차가운 물을 마시고
싶지 않습니다.

- **ต้องการ**떠-ㅇ까-ㄴ은 '원하다'라는 의미의 조동사로 동사, 형용사 앞에 위치해요.

- **ต้องการ**떠-ㅇ까-ㄴ을 동사로 사용해서 명사 앞에 위치시킬 수도 있어요. 의미는 똑같이 '원하다'라는 뜻이에요.

- 주어 + **ต้องการ**떠-ㅇ까-ㄴ + 동사/형용사/명사로 '~을 원하다, ~하고 싶다'라는 필요의 표현을 할 수 있어요.

- 부정하고 싶을 때는, 주어 + **ไม่**마이 + **ต้องการ**떠-ㅇ까-ㄴ + 동사/형용사/명사로 표현해요. '~을 원하지 않는다'라는 뜻이 되죠.

 단어 알아보기!

ต้องการ 떠-ㅇ까-ㄴ ~하고 싶다, ~을 원하다

 PLUS

대표적인 수량사

단어	발음	뜻
ป่วย	뿌-아이	병이 나다. 아프다
ปวด	뿌-앗	아프다. 통증이 있다. 막연히 한 부분이 아프다
เจ็บ	쩹	분명히 한 장소가 아프다. (상처 · 수술 등으로) 아프다
แสบ	쌔-ㅂ	쓰리다. 아리다. 따끔따끔 아프다
เจ็บปวด	쩹 뿌-앗	몹시 아프다 [전의] 고통스럽다. 괴롭다
ไม่สบาย	마이 싸바-이	편하지 않다. 병이 나다

병, 통증 관련 표현

โรค 로-ㄱ	병, 질병, 질환
ไข้หวัด 카이왓	감기
ไข้หวัดใหญ่ 카이왓 야이	독감
แผล 플래- (프ㄹㄹㅐ-)	상처
ผิวหนัง 피우낭	피부

ป่วย 뿌-아이	ลาป่วย 라- 뿌-아이 병가를 내다. 병결을 하다 ป่วยเป็นโรคไข้หวัดใหญ่ 뿌-아이 뻰 로-ㄱ 카이 왓 야이 독감으로 아프다
ปวด 뿌-앗	ปวดหัว 뿌-앗 후-아 머리가 아프다 ปวดท้อง 뿌-앗 터-ㅇ 배가 아프다
เจ็บ 쩹	เจ็บคอ 쩹 커- 목이 아프다 เจ็บแผล 쩹 플래- 상처가 아프다
แสบ 쌔-ㅂ	แสบตา 쌔-ㅂ 따- 눈이 따갑다 แสบผิวหนัง 쌔-ㅂ 피우낭 피부가 따갑다

전치사 ตั้งแต่땅때- ~ (จน)ถึง(쫀)틍 : (시간)~부터~까지

폼 뿌-앗 터-ㅇ 땅때- 차오 (쫀)틍 떠-ㄴ 니-

ผมปวดท้องตั้งแต่เช้า (จน)ถึงตอนนี้

나는 아침부터 지금까지 배가 아팠어요.

디찬 르ㅓ-ㅁ 리-안 파-싸- 타이 땅때- 싸-ㅁ 드-안 티- 래우 카

ดิฉันเริ่มเรียนภาษาไทย ตั้งแต่ 3 เดือนที่แล้วค่ะ

나는 3개월 전부터 태국어를 공부했어요.

- ● ตั้งแต่땅때- + 시기 ~ (จน)ถึง(쫀)틍 + 시기를 활용해서, '~부터~까지'라는 시간의 구간을 표현할 수 있어요.

- ● 같은 '~부터 ~까지'이지만 시간과 장소에 각각 다른 표현으로 구분해서 표현합니다.

ตั้งแต่땅때- ~ (จน)ถึง(쫀)틍으로 표현

จาก짜-ㄱ ~ ถึง틍으로 표현

*시간의 부사구는 문장 맨 앞 혹은 맨 뒤에 위치할 수 있어요.

 단어 알아보기!

เริ่ม 르ㅓ-ㅁ 시작하다

연습대화

01

MP3
20_10

สมชาย
완니- 쿤 민쑤- 뻰 아라이 크랍
วันนี้คุณมินซูเป็นอะไรครับ
오늘 민수 씨 무슨 일이 있나요?

카오 마이 마- 리-안 파-싸- 타이 크랍
เขาไม่มาเรียนภาษาไทยครับ
그가 오늘 태국어 수업에 오지 않았어요.

จีอิน
카오 마이 싸바-이, 쯩 라- 뿌-아이 카
เขาไม่สบาย จึงลาป่วยค่ะ
그가 몸이 좋지 않아서, 병가를 냈어요.

카오 뿌-앗 터-ㅇ 땅때- 므-아 크-ㄴ 카
เขาปวดท้องตั้งแต่เมื่อคืนค่ะ
그가 어제 밤부터 배가 아팠어요.

สมชาย
빠이 하- 머- 마- 래-우 르- 양 크랍
ไปหาหมอมาแล้วหรือยังครับ
병원에 다녀왔나요, 아직인가요?

จีอิน
양 마이 다이 빠이 카
ยังไม่ได้ไปค่ะ
아직 안 갔어요.

카오 마̂이 야-ㄱ 빠이 하- 머̌-, 프러 마̂이 야-ㄱ 라̂오 아-까-ㄴ 뻰 파-싸̌-타이 카̂

จีอิน เขาไม่อยากไปหาหมอ
เพราะไม่อยากเล่าอาการ
เป็นภาษาไทยค่ะ

그는 태국어로 증상을 이야기하고 싶지 않아서, 병원에 가고 싶지 않아 했어요.

쿤 지인 추-아̂이 파̌- 카오 빠이 하̌- 머̌- 크랍

สมชาย คุณจีอินช่วยพาเขาไปหาหมอครับ

지인 씨가 그를 병원에 데리고 가주세요.

02

추-아̂이 라̂오 아-까-ㄴ 커̌-ㅇ 쿤 너̀이 크랍

หมอ ช่วยเล่าอาการของคุณหน่อยครับ

당신의 증상을 이야기 해주세요.

폼̌ 르ə̂-ㅁ 뿌-앗 터̂-ㅇ 땅때- 므̂아 크-ㄴ

มินซู ผมเริ่มปวดท้องตั้งแต่เมื่อคืน

저는 어제 밤부터 배가 아팠어요.

래 떠-ㄴ니̇- 쩹 커- 유̀- 두̂-아이 크랍

และตอนนี้เจ็บคออยู่ด้วยครับ

그리고 지금은 목도 아파요.

	폼 짜 짜-이 야- 하이
หมอ	**ผมจะจ่ายยาให้**

제가 약을 처방해줄게요.

땅때- 완니- 틍 마르-ㄴ니- 낀 야- 완 라 싸̌-ㅁ 크랑

ตั้งแต่วันนี้ถึงมะรืนนี้กินยาวันละ 3 ครั้ง

오늘부터 모레까지 하루에 3번 약을 드세요.

	폼 떠-ㅇ까̌-ㄴ 야- 깨- 뿌-앗 두-아̂이 크랍
มินซู	**ผมต้องการยาแก้ปวดด้วยครับ**

저는 진통제도 원해요.

단어 알아보기!

ไปหา 빠이 하̌- 방문하다 | **หมอ** 머̌- 의사 | **ไปหาหมอ** 빠이 하̌- 머̌- 병원가다, 진찰받으러 가다 | **พา** 파- 동반하다, 데리고 가다 | **และ** 래 그리고 | **จ่าย** 짜-이 지불하다, 지급하다, 발급하다 | **ให้** 하이 주다, 급여하다 | **จ่ายยาให้** 짜-이 야- 하이 약을 처방해주다 | **ละ** 라 ~당, ~마다 | **ครั้ง** 크랑 번, 회

연습문제

다음의 한글 문장을 태국어로 작문해봅시다.

01　신발을 벗으십시오.

_____

02　당신의 증상을 말해주세요.

_____

03　나는 아직 배가 아파요.

_____

04　나는 진통제가 필요 없어요. (원하지 않아요)

_____

05　그녀는 감기에 걸려서, 어제 병가를 냈어요.

_____

06　뜨거운 물 주세요. 나는 차가운 물을 마시고 싶지 않아요.

_____

태국에서는 정부가 선거일 전에 술 판매를 금지합니다

ในประเทศไทยรัฐบาลห้ามขายเหล้าก่อนวันเลือกตั้ง

 학습목표

- 조동사 **ห้าม** 하ᄆ과 **อย่า** 야ᅵ를 사용하여 동작의 금지를 표현할 수 있다.
- 조동사 **ต้อง** 떠ᄋ과 **ควร** 쿠ᅵ안을 사용하여 동작의 강제를 표현할 수 있다.
- 전치사 **เชิญ** 츠ᅥᆫ을 사용하여 권유의 표현을 나타낼 수 있다.

핵심단어

- **ห้าม** 하ᄆ ~ 금지, ~을 금지한다
- **อย่า** 야ᅵ ~을 하지 말아라
- **ต้อง** 떠ᄋ ~해야만 한다
- **ควร** 쿠ᅵ안 ~해야만 한다
- **เชิญ** 츠ᅥᆫ 아무쪼록, 부디, 어서

핵심포인트

조동사 ห้าม하-ㅁ과 อย่า야-

1 조동사 ห้าม하-ㅁ : 금하다, 금지하다

MP3 21_01

하-ㅁ 쑤-ㅂ 부리-, 퐈-(faa) 프-ㄴ (feun) 쁘랍 써-ㅇ 판 바-ㅅ

ห้ามสูบบุหรี่ ฝ่าฝืนปรับ 2,000 บาท

금연. 위반 시 2000바트 벌금 부과

나이 쁘라테-ㅅ 타이, 랏타바-ㄴ 하-ㅁ 카-이 라오 꺼-ㄴ 완 르-악 땅

ในประเทศไทย รัฐบาลห้ามขาย เหล้าก่อนวันเลือกตั้ง

태국에서는 정부가 선거일 전에 술 판매를 금지한다.

- **ห้าม**하-ㅁ은 '~을 금하다, 금지하다'라는 뜻의 조동사예요. 동사, 형용사 앞에 위치해요.
- (주어) + **ห้าม**하-ㅁ + 동사/형용사 + (목적어)로 '~ 금지, ~을 금지한다'라는 금지의 표현을 할 수 있어요. 주어는 생략이 가능해요.
- 부정문은 (주어) + **ไม่**마이 + **ห้าม**하-ㅁ + 동사/형용사 + (목적어)로 표현합니다.

단어 알아보기!

ห้าม 하-ㅁ 금하다, 금지하다 | **จอด** 쩌-ㅅ (차를) 대다, 주차하다 | **ห้ามจอดรถ** 하-ㅁ 쩌-ㅅ 롯 주차 금지 | **สูบ** 쑤-ㅂ 빨아들이다, 빨아내다 | **บุหรี่** 부리- 담배 | **ฝ่าฝืน** 퐈- 프-ㄴ (faa feun) 위반하다, 어기다 | **ปรับ** 쁘랍 벌금을 부과하다 | **เลือกตั้ง** 르-악 땅 선거하다 | **รัฐบาล** 랏타바-ㄴ 정부 | **เหล้า** 라오 술

2 조동사 อย่า_야 : ~지 마라

🎧 MP3 21_02

야- 롭 꾸-안 카오

อย่ารบกวนเขา

그를 방해하지 마라.

프룽니- 야- 뜨-ㄴ 싸-이

พรุ่งนี้อย่าตื่นสาย

내일 늦게 일어나지 말아라.

까루나- 야- 푸-ㅅ 씨-앙 당 나이 허-ㅇ 싸뭇

กรุณาอย่าพูดเสียงดังในห้องสมุด

도서관에서는 큰 소리로 얘기하지 마세요.

- **อย่า**_야는 '~을 하지 말아라'라는 뜻의 조동사예요. 동사, 형용사 앞에 위치합니다.

- **อย่า**_야 + 동사/형용사 + (목적어)로 금지 표현을 만들 수 있어요. 이 표현은 청자에게 직접 어떤 행동을 금지하는 문장이기 때문에 주어가 없이 활용됩니다.

- 조동사 **กรุณา**_{까루나}를 **อย่า**_야 앞에 덧붙여서 보다 부드럽고 격식있는 금지의 표현을 할 수 있어요.

- **อย่า**_야는 보통 부정문의 형태로는 잘 쓰이지 않아요. 단, 다음의 예시는 예외적으로 쓰일 수 있죠. **อย่า**_야 + **ไม่**_{마이} + 동사/형용사 +(목적어)의 형태로 쓰여요.

[예외] **อย่าไม่สบาย** 야- 마이 싸바-이 아프지 마.

 단어 알아보기!

รบกวน 롭꾸-안 방해하다. 괴롭히다. 폐를 끼치다 | **สาย** 싸-이 늦다 | **ห้องสมุด** 허-ㅇ 싸뭇 도서관 | **พูด** 푸-ㅅ 말하다 | **เสียง** 씨-앙 음성. 소리 | **ดัง** 당 소리가 크다. 소리를 크게 내다

- **ต้อง**떠-ㅇ과 **ควร**쿠-안은 모두 강제를 나타내는 조동사이지만, **ต้อง**떠-ㅇ이 **ควร**쿠-안 보다 강한 강제를 나타내요.

 조동사 ต้อง떠-ㅇ : ~해야만 한다 🎧 **MP3** 21_03

나이 쁘라테-ㅅ 까올리-, 쿤 떠-ㅇ 얘-ㄱ 카야 꺼-ㄴ 팅

ในประเทศเกาหลี
คุณต้องแยกขยะก่อนทิ้ง

한국에서 당신은 버리기 전에 쓰레기를 분류해야만 합니다.

쿤 마이 떠-ㅇ 짜-이 카- 차오 크랍

คุณไม่ต้องจ่ายค่าเช่าครับ

당신은 임대료(대여료)를 내지 않아도 됩니다.

- **ต้อง**떠-ㅇ은 강제를 나타내는 조동사예요. 동사, 형용사 앞에 위치해요.

- 주어 + **ต้อง**떠-ㅇ + 동사/형용사 + (목적어)의 형태로 나타내요. 부정문은 주어 + **ไม่**마이 + **ต้อง**떠-ㅇ + 동사/형용사 + (목적어)로 표현하죠.

- **ไม่ต้อง**마이떠-ㅇ…의 경우, '~하지 말아야 한다' 혹은 '~할 필요가 없다'로 해석될 수 있으니 먼저 문맥을 살펴보도록 해요.

 단어 알아보기!

แยก 얘-ㄱ 나누다, 분류하다 | **ขยะ** 카야 쓰레기 | **ทิ้ง** 팅 버리다 | **ค่า** 카- 가치, 가격 | **เช่า** 차오 임차하다, 빌려 쓰다

2 조동사 **ควร**쿠-안, **ควรจะ**쿠-안짜 : ~해야만 한다 🎧 MP3 21_04

쿤 쿠-안 카오 짜이 와- 쁘라테-ㅅ 타이 깝 쁘라테-ㅅ 까올리- 따-ㅇ 깐

คุณควรเข้าใจว่า ประเทศไทย กับประเทศเกาหลีต่างกัน

당신은 태국과 한국이 서로 다르다는 것을 이해해야 한다.

카오 마이 쿠-안 어-ㄱ 깜랑 까-이, 쫀 꽈- 쑤카파-ㅂ 짜 디-크-ㄴ

เขาไม่ควรออกกำลังกาย จนกว่าสุขภาพจะดีขึ้น

그는 건강이 좋아질 때까지 운동을 하지 말아야 한다.

- **ควร**쿠-안은 '~을 해야만 한다'라는 뜻의 조동사예요. 동사, 형용사 앞에 위치해요.

- 앞으로 다가올 미래에 '~해야 한다'는 의미를 담고 있기 때문에, 미래 조동사 **จะ**짜 를 덧붙여서 **ควรจะ**쿠-안짜의 형태로 동사 앞에 사용하기도 해요.

- 주어 + **ควร(จะ)**쿠-안(짜) + 동사/형용사 + (목적어)로 '~을 해야만 한다'라는 강제 의 표현을 할 수 있어요.

- 부정문은 주어 + **ไม่**마이 + **ควร(จะ)**쿠-안(짜) + 동사/형용사 + (목적어)의 형태로 나타나요. '~하지 말아야 한다(~하는 것은 적절하지 않다)'라는 뜻을 나타내죠.

 단어 알아보기!

เข้าใจ 카오 짜이 이해하다 | **ว่า** 와- ~라고 | **ต่างกัน** 따-ㅇ 깐 (서로) 다르다 | **ออกกำลังกาย** 어-ㄱ 깜랑 까-이 운동하다 | **จนกว่า** 쫀꽈- ~할 때까지, ~에 이를 때까지 | **สุขภาพ** 쑤카파-ㅂ 건강, 건강 상태

전치사 เชิญ^{ㅊㅓ-ㄴ} : 아무쪼록, 부디, 어서~하세요

🎧 MP3 21_05

ㅊㅓ-ㄴ 낭 크랍 **เชิญนั่งครับ**	앉으세요
ㅊㅓ-ㄴ 카오 마-카 **เชิญเข้ามาค่ะ**	들어오세요
ㅊㅓ-ㄴ 따-ㅁ 싸바-이 카 **เชิญตามสบายค่ะ**	편한 대로 하세요
ㅊㅓ-ㄴ 크랍 **เชิญครับ**	부디~하세요. (상황에 따라)

- **เชิญ**ㅊㅓ-ㄴ '아무쪼록, 부디, 어서~하세요'라는 뜻을 나타내는 조동사예요. **เชิญ**ㅊㅓ-ㄴ은 다른 동사 앞에 위치할 수도 있지만, 단독으로 쓰일 수도 있다는 특징을 가지고 있어요.

- **เชิญ**ㅊㅓ-ㄴ + 동사 + (목적어)의 형태로 '아무쪼록, 부디, 어서 ~하세요'라는 뜻의 권유하는 문장을 만들 수 있어요. **เชิญ**ㅊㅓ-ㄴ은 주어가 없이 활용되는데, 듣는 사람에게 직접 권유하는 문장이기 때문이에요.

- 또한 동사를 생략하고 **เชิญ**ㅊㅓ-ㄴ이라고만 말하는 경우가 있는데 이 때는 상황에 따라 이해하면 된답니다.

- **เชิญ**ㅊㅓ-ㄴ은 '초대하다, 초청하다'라는 뜻의 동사로도 쓰일 수 있어요. 이때는 **เชิญ**ㅊㅓ-ㄴ + **명사**의 형태로 나타나요. 두 가지를 혼동하지 않도록 구분해야 해요.

 เชิญคุณพ่อคุณแม่ในงานโรงเรียน ㅊㅓ-ㄴ 쿤퍼- 쿤매- 나이 응아-ㄴ 로-ㅇ 리-안
학교 행사에 부모님을 초대하다.

 단어 알아보기!

| **เชิญ** ㅊㅓ-ㄴ 아무쪼록, 부디, 어서 ~하세요/초대하다, 초청하다, 청하다 | **นั่ง** 낭 앉다 | **ตาม** 따-ㅁ ~하는 대로, ~대로, ~처럼

연습대화

สมชาย

커-토-ㅅ 티- 마- 싸-이 크랍

ขอโทษที่มาสายครับ

늦게 와서 미안합니다.

티-니- 미- 때- 케-ㅅ 하-ㅁ 쩌-ㅅ롯 쯩떠-ㅇ 씨-아 웰라- 하- 티- 쩌-ㅅ 크랍

ที่นี่มีแต่เขตห้ามจอดรถ
จึงต้องเสียเวลาหาที่จอดครับ

이곳은 주차를 금지해서 주차할 곳을 찾는 데 시간을 허비해야만 했어요.

จีอิน

마^이 뻰 라이 카

ไม่เป็นไรค่ะ

괜찮아요.

츠ᅥ-ㄴ 카오 마- 씨 카

เชิญเข้ามาสิค่ะ

들어오세요.

- -

สมชาย

라오 쿠-안 카오 짜이 와- 쁘라테-ㅅ 타이 깝 쁘라테-ㅅ 까올리- 따-ㅇ 깐

เราควรเข้าใจว่า
ประเทศไทยกับประเทศเกาหลีต่างกัน

우리는 태국과 한국이 서로 다르다는 것을 이해해야 합니다.

เชน นาˇอิ พรฺาเทˆ-ㅅ 까올리-, 떠ˆ-ㅇ 애ˆ-ㄱ 카야 꺼ˆ-ㄴ 팅 크랍

เช่น ในประเทศเกาหลี ต้องแยกขยะก่อนทิ้งครับ

예를 들어, 한국에서는 버리기 전에 쓰레기를 분류해야만 합니다.

나ˇ이 쁘라테ˆ-ㅅ 타이, 랏타바-ㄴ 하ˆ-ㅁ 카ˇ-이 라ˆ오 꺼ˆ-ㄴ 완 르ˆ-악 땅ˆ

ธิดารัตน์ # ในประเทศไทย รัฐบาลห้ามขายเหล้าก่อนวันเลือกตั้ง

태국에서는 정부가 선거일 전에 술 판매를 금지합니다.

나ˇ이 쁘라테ˆ-ㅅ 타이 미- 케ˆ-ㅅ 하ˆ-ㅁ 쑤ˆ-ㅂ 부리ˇ- 퐈ˇ- 프-ㄴ (faa feun) 쁘랍 써ˇ-ㅇ 판 바ˆ-ㅅ

สมชาย # ในประเทศไทยมีเขตห้ามสูบบุหรี่ ฝ่าฝืนปรับ 2,000 บาท

태국에는 금연 구역이 있어요. 위반하면 2000바트이 벌금 부과됩니다.

나ˇ이 쁘라테ˆ-ㅅ 까올리ˇ- 꺼ˆ 미- 케ˆ-ㅅ 하ˆ-ㅁ 쑤ˆ-ㅂ 부리ˇ- 카ˆ

จีอิน # ในประเทศเกาหลีก็มีเขตห้ามสูบบุหรี่ค่ะ

한국에도 금연구역이 있어요.

와ˆ- 때ˋ- 와ˆ-, 쿤 쏨차ˇ-이 쩌ˆ-ㅅ 롯 와이 티ˆ- 나ˇ이 카ˆ

สมชาย # ว่าแต่ว่า คุณสมชายจอดรถไว้ที่ไหนคะ

그건 그렇고, 쏨차이 씨는 어디에 주차해 두었나요?

สมชาย

폼 짜-ㅅ 롯 와이 티- 라-ㄴ 짜-ㅅ 롯 크랍

ผมจอดรถไว้ที่ลานจอดรถครับ

저는 주차장에 주차해 두었어요.

카- 짜-ㅅ 롯 짜 패-ㅇ 마이 크랍

ค่าจอดรถจะแพงไหมครับ

주차비가 비쌀까요?

จีอิน

야- 깡원 르ㅓ-이 카

อย่ากังวลเลยค่ะ

전혀 걱정하지 마세요

라-ㄴ 짜-ㅅ 롯 티- 니-, 마이 떠-ㅇ 짜-이 카- 짜-ㅅ 롯 카

ลานจอดรถที่นี่
ไม่ต้องจ่ายค่าจอดรถค่ะ

이곳 주차장은 주차비를 내지 않아도 돼요.

เสีย 씨-아 손해 보다, 손실을 보다 | **ที่** 티- (관계부사) ~되어, ~하게 되어 / (장소 전치사) ~에 | **สิ** 씨 (명령이나 강조 등을 표시하는 어조사) ~해 | **เช่น** 첸 예를 들어 | **เขต** 케-ㅅ 지대, 지구, 구역 | **ว่าแต่ว่า** 와-때-와- 그런데, 그것은 그렇다 하고 | **ลานจอดรถ** 라-ㄴ 짜-ㅅ 롯 주차장 | **กังวล** 깡원 걱정하다, 염려하다 | **เลย** 르ㅓ-이 전혀, 절대로, 완전히

연습문제

다음의 한글 문장을 태국어로 작문해 봅시다.

01 내일 늦게 일어나지 말아라. **(อย่า)**

_____

02 여기에 쓰레기를 버리지 마세요. **(กรุณาอย่า)**

_____

03 아버지는 아침부터 일하러 가야만 한다. **(ต้อง)**

_____

04 선거일에 우리는 놀러 가면 안 된다. **(ควร)**

_____

05 당신은 하루에 3번 약을 먹어야 합니다. **(ต้อง)**

_____

06 편한 대로 하세요. **(เชิญ)**

_____

 다음의 표지판이 의미하는 것을 태국어로 써봅시다.

_____

_____

_____

지금 저는 아직 더 수영할 수 있어요

ตอนนี้ผมยังว่ายน้ำได้อีกครับ

- 부동사 **ได้** 다^ɕ이, **เป็น** 뻰, **ไหว** 와이를 상황에 맞게 구분하여 능력, 가능의 표현을 할 수 있다.
- 동사 **ลอง** 러-ㅇ을 사용하여 시도의 표현을 나타낼 수 있다.
- **การ** 까-ㄴ와 **ความ** 콰-ㅁ을 사용하여 동사, 형용사를 명사화 시킬 수 있다.
- 접두사 **น่า** 나^ˆ를 사용하여 동사를 형용사화 시킬 수 있다.

- **สามารถ** 싸^ˇ-마^ˆㅅ 〜할 수 있다
- **ได้** 다^ɕ이 부동사: 〜할 수 있다 (일반적인 능력, 상황의 가능)
- **เป็น** 뻰 부동사: 〜할 수 있다 (선천적으로 혹은 습득하여 할 수 있다)
- **ไหว** 와이 부동사: 〜할 수 있다 (신체적, 상황적으로 아직 더 할 수 있다)
- **การ** 까-ㄴ (접두사) 동사의 명사화
- **ความ** 콰-ㅁ (접두사) 동사, 형용사의 명사화
- **น่า** 나^ˆ (접두사) 〜할 만한, 〜할 가치가 있다

핵심포인트

부동사 ได้다이, เป็น쁜 과 ไหว와이

 1 **부동사 ได้다이 : ~할 수 있다** 🎧 **MP3** 22_01

카오 와^이 나^ㅁ 다이
เขาว่ายน้ำได้

그는 수영할 수 있습니다.

폼 롯 콰-ㅁ 우-안 마이 다이
ผมลดความอ้วนไม่ได้

저는 몸무게를 줄일 수 없습니다.

- ได้다이는 '~할 수 있다'라는 뜻을 나타내는 부동사예요. 동사/형용사 + (목적어) 뒤에 위치해요.

- 주어 + 동사/형용사 + (목적어) + ได้다이의 형태로 '~할 수 있다'라는 능력과 가능의 표현을 할 수 있어요.

- ได้다이의 부정은 주어 + 동사/형용사 + (목적어) + ไม่마이 + ได้다이로 표현할 수 있고, '~할 수 없다'라는 뜻이 돼요.

 단어 알아보기!

ว่ายน้ำ 와^이 나^ㅁ 수영하다 | **ลด** 롯 줄이다, 감소하다 | **ความอ้วน** 콰-ㅁ 우-안 비만 | **สามารถ** 싸-마^ㅅ
~ **ได้** 다이 ~할 수 있다

---

2 **สามารถ**싸-마ᄉ ~ **ได้**다이 : ~할 수 있다

카오 쌋-마ᄉ 왓-이 남-ㅁ 다이

เขาสามารถว่ายน้ำได้

그는 수영할 수 있습니다.

트ᅥ- 마ᅵ 쌋-마ᄉ 탐 아-한 타이 다이

เธอไม่สามารถทำอาหารไทยได้

그녀는 태국 음식을 할 수 없습니다.

- **สามารถ**싸-마ᄉ ~ **ได้**다이의 형태 역시 '~할 수 있다'는 뜻을 나타내요. 뜻은 같지만 **ได้**다이보다 공식적이고 격식있는 말하기 혹은 글쓰기에 적합한 표현이에요.

- 긍정문은 주어 + **สามารถ**싸-마ᄉ + 동사/형용사 + (목적어) + **ได้**다이로 표현해요.

- 부정문은 주어 + **ไม่**마이 + **สามารถ**싸-마ᄉ + 동사/형용사 + (목적어) + **ได้**다이로 표현해요.

- **สามารถ**싸-마ᄉ ~ **ได้**다이의 부정문에서 **ไม่**마이의 위치를 잘 기억하도록 해요.

ได้ดัย의 활용

- ได้ดัย는 문장 내 위치에 따라 다음과 같이 각기 다른 3가지 역할을 할 수 있어요.

❶ 능력, 가능 부동사로 사용: 주어 + 동사 + (목적어) + ได้ดัย의 형태로 '∼할 수 있다'라는 표현을 나타낸다.

❷ 과거 시제 부동사로 사용: 주어 + ได้ดัย + 동사의 형태로 '∼이었다'라는 의미의 과거 시제를 나타낸다.

❸ 본동사로 사용: 주어 + ได้ดัย + 목적어의 형태로 '∼얻다, ∼에 이르다'라는 뜻을 나타낸다.

• 긍정문

폼 (싸-마-ㅅ) 아-ㄴ 낭쓰- 다이
ผม(สามารถ)อ่านหนังสือได้ 나는 책을 읽을 수 있다.

폼 다이 아-ㄴ 낭쓰-
ผมได้อ่านหนังสือ 나는 책을 읽었다. 책을 읽게 되었다.

폼 다이 낭쓰-
ผมได้หนังสือ 나는 책을 얻었다.

• 부정문

폼 짜-이 응원 마이 다이　폼 마이 싸-마-ㅅ 짜-이 응원 다이
ผมจ่ายเงินไม่ได้ = ผมไม่สามารถจ่ายเงินได้ 나는 돈을 낼 수 없다.

폼 마이 다이 짜-이 응원
ผมไม่ได้จ่ายเงิน 나는 돈을 내지 않았다.

폼 마이 다이 응원
ผมไม่ได้เงิน 나는 돈을 받지 못했다.

3 부동사 เป็น : (선천적으로 혹은 습득하여) ~할 수 있다

🎧 **MP3** 22_03

폼 와-이 나-ㅁ 뻰

ผมว่ายน้ำเป็น

나는 수영할 수 있습니다.
(배워서 할 줄 안다.)

카오 드-ㅁ 라오 마이 뻰

เขาดื่มเหล้าไม่เป็น

그는 술을 마실 수 없습니다.
(선천적으로 할 수 없다.)

- **เป็น**은 '(선천적으로 혹은 습득하여) ~할 수 있다'라는 뜻을 나타내는 부동사예요. 동사 + (목적어) 뒤에 위치해요.

- 주어 + 동사 + (목적어) + **เป็น**으로 '(선천적으로 혹은 습득하여) ~할 수 있다'라는 능력과 가능의 표현을 할 수 있고, 형태를 표현하는 형용사랑은 사용할 수 없어요.

- **เป็น**의 부정은 주어 + 동사 + (목적어) + **ไม่** + **เป็น**으로 표현해요. '(선천적으로 혹은 습득하여) ~할 수 없다'라는 뜻이에요.

PLUS

เป็น^뻰의 활용

• เป็น뻰도 역시 문장 내 위치에 따라 다음과 같이 각기 다른 3가지 역할을 할 수 있어요.

❶ 능력, 가능 조동사로 활용: 주어 + 동사 + (목적어) + **เป็น뻰**의 형태로 '~할 수 있다'라는 표현을 나타낸다.

❷ 연계동사로 활용: 주어 + **เป็น뻰** + 명사의 형태로 '~이다'라는 설명을 나타낸다.

❸ 격조사로 활용: 주어 + 동사 + (목적어) + **เป็น뻰** + 명사의 형태로 '~로, ~로서'라는 뜻을 나타낸다.

• 긍정문

너-ㅇ 낀 야- 멛 뻰

น้องกินยาเม็ดเป็น 동생은 알약을 먹을 수 있습니다.

너-ㅇ 뻰 로-ㄱ 카̂이 왇 야̀이

น้องเป็นโรคไข้หวัดใหญ่ 동생은 독감입니다.

너-ㅇ 뿌-아̀이 뻰 로-ㄱ 카̂이 왇 야̀이

น้องป่วยเป็นโรคไข้หวัดใหญ่ 동생은 독감으로 아픕니다.

• 부정문

너-ㅇ 낀 야- 멛 마̂이 뻰

น้องกินยาเม็ดไม่เป็น 동생은 알약을 먹을 수 없습니다.

너-ㅇ 마̂이 뻰 로-ㄱ 카̂이 왇 야̀이

น้องไม่เป็นโรคไข้หวัดใหญ่ 동생은 독감이 아닙니다.

너-ㅇ 마̂이 뿌-아̀이 뻰 로-ㄱ 카̂이 왇 야̀이

น้องไม่ป่วยเป็นโรคไข้หวัดใหญ่ 동생은 독감으로 아프지 않습니다.

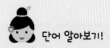 단어 알아보기!

เม็ด 멛 (과일의) 씨, 알약 / (수량사) 종자, 알맹이가 작은 열매, 알약, 보석 등을 세거나 지칭할 때

4 부동사 ไหว와이 : (체력적으로 혹은 상황에 의해) ~할 수 있다

🎧 MP3 22_04

폼 양 와^-이 나^-ㅁ 와이

ผมยังว่ายน้ำไหว

나는 아직 수영할 수 있습니다.
(아직 체력적으로 더 할 수 있다)

디찬 톤 마이 와이 래-우 카

ดิฉันทนไม่ไหวแล้วค่ะ

저는 더 이상 참지 못하겠습니다.
(상황적으로 더 이상 불가능하다)

- ไหว와이는 '(체력적으로 혹은 상황에 의해) ~할 수 있다'라는 뜻을 나타내는 부동사
  예요. 동사 + (목적어) 뒤에 위치해요.

- 주어 + 동사 + (목적어) + ไหว와이 형태로 '(체력적으로 혹은 상황에 의해) ~할 수
  있다'라는 능력과 가능의 표현을 할 수 있어요.

- ไหว와이의 부정문은 주어 + 동사 + (목적어) + ไม่마이 + ไหว와이로 표현해요. '(체
  력적으로 혹은 상황에 의해) ~할 수 없다'라는 뜻이에요.

 단어 알아보기!

ทน 톤 참다, 인내하다

동사 ลอง러-ㅇ : ~을 시도하다, 해보다

러-ㅇ 두-

ลองดู   시도해보다.

러-ㅇ 침 크랍

ลองชิมครับ   맛 보세요/시식해보세요.

러-ㅇ 싸이 다이 카

ลองใส่ได้ค่ะ   입어볼 수 있어요

폼 러-ㅇ 차이 두- 래-우 크랍

ผมลองใช้ดูแล้วครับ   제가 사용해보았습니다.

- **ลอง**러-ㅇ은 '~을 시도하다, 해보다'라는 뜻을 나타내는 동사예요.

- (주어) + **ลอง**러-ㅇ + (동사) + (목적어) 형태로, '~을 시도하다, 해보다'라는 시도의 표현을 나타낼 수 있어요.

- **ลอง**러-ㅇ은 다른 동사 앞에 쓰일 수도 있고 독립적으로 쓰일 수도 있어요. 이 때는 상황상 기대되는 어떠한 행위를 시도하는 표현으로 이해하면 돼요.

 단어 알아보기!

ชิม 침 맛(간을 보다, 시음(시식)하다 | **ใส่** 싸이 입다 | **ใช้** 차이 사용하다

동사, 형용사의 명사화

 1 **접두사 การ까-ㄴ의 활용**

🎧 **MP3** 22_06

끈
กิน 먹다   →   까-ㄴ끈
การกิน 먹기, 먹는 것

드ㅓ-ㄴ
เดิน 걷다   →   까-ㄴ드ㅓ-ㄴ
การเดิน 걷기, 걷는 것

푸-ㅅ
พูด 말하다   →   까-ㄴ 푸-ㅅ
การพูด 말하기, 말

아-ㄴ
อ่าน 읽다   →   까-ㄴ아-ㄴ
การอ่าน 읽기, 읽는 것

끄ㅓ-ㅅ
เกิด 태어나다, 발생하다   →   까-ㄴ 끄ㅓ-ㅅ
การเกิด 출생, 발생

🔵 **การ**까-ㄴ은 동작을 나타내는 동사 앞에 위치해서 그 동사를 명사로 만들어줘요.

🔵 **การ**까-ㄴ + 동작을 나타내는 동사의 형태로 표현해요.

② 접두사 ความ꽈ᅳᄆ의 활용

🎧 **MP3** 22_07

〈감정, 생각을 표현하는 동사〉

끄로-ㅅ
โกรธ 화를 내다 → 꽈ᅳᄆ 끄로-ㅅ
ความโกรธ 화, 분노

킷
คิด 생각하다 → 꽈ᅳᄆ 킷
ความคิด 생각

락
รัก 사랑하다 → 꽈ᅳᄆ 락
ความรัก 사랑

루-
รู้ 알다 → 꽈ᅳᄆ 루-
ความรู้ 지식

〈상태, 성질을 표현하는 형용사〉

쑤-ㅇ
สูง 높다 → 꽈ᅳᄆ 쑤-ㅇ
ความสูง 높이, 키

야-ㄱ
ยาก 어렵다 → 꽈ᅳᄆ 야-ㄱ
ความยาก 어려움

쑤-아이
สวย 예쁘다 → 꽈ᅳᄆ 쑤-아이
ความสวย 예쁨, 아름다움

우-안
อ้วน 뚱뚱하다 → 꽈ᅳᄆ 우-안
ความอ้วน 비만, 뚱뚱함

- **ความ**쾀-ㅁ은 감정이나 생각을 나타내는 동사 혹은 상태나 성질을 나타내는 동사(형용사) 앞에 위치해서 해당 동사(형용사)를 명사로 만들어줘요.

- **ความ**쾀-ㅁ + 감정, 생각을 표현하는 동사, 혹은 **ความ**쾀-ㅁ + 상태, 성질을 표현하는 형용사의 형태로 표현해요.

🎧 MP3 22_08

⚡ **PLUS**

태국어의 형용사

แคบ 캐-ㅂ 좁다	↔	**กว้าง** 꽈-ㅇ 넓다
เตี้ย 띠-아 작다	↔	**สูง** 쑤-ㅇ 높다, 크다(키, 높이)
บาง 바-ㅇ 얇다	↔	**หนา** 나- 두껍다
เบา 바오 (소리가) 작다	↔	**ดัง** 당 (소리가) 크다
เบา 바오 가볍다	↔	**หนัก** 낙 무겁다
ผอม 퍼-ㅁ 마르다	↔	**อ้วน** 우-안 뚱뚱하다
เล็ก 렉 작다	↔	**ใหญ่** 야이 크다 (크기, 부피)
สั้น 싼 짧다	↔	**ยาว** 야-우 길다
เก่ง 껭 잘하다	↔	**ไม่เก่ง** 마이 껭 잘 못한다
สวย 쑤-아이 예쁘다, 아름답다	↔	**ไม่สวย** 마이 쑤-아이 예쁘지 않다, 아름답지 않다
หล่อ 러- 잘생기다, 미남이다	↔	**ไม่หล่อ** 마이 러- 잘 생기지 않다, 미남이 아니다
อร่อย 아러-이 맛있다	↔	**ไม่อร่อย** 마이 아러-이 맛없다

* 대응하는 형용사가 없는 경우에는 해당 형용사 앞에 **ไม่**마이를 넣어 반대말을 표현할 수 있어요.

동사, 형용사의 명사화

🎧 MP3 22_09

끼
กิน 먹다   →

나-끼
น่ากิน 먹기, 먹는 것

락
รัก 사랑하다   →

나-락
น่ารัก 사랑스럽다, 귀엽다

킷
คิด 생각하다   →

나-킷
น่าคิด 생각해봄직하다

● 조동사 **น่า**나를 사용해서 '~할 만한, ~할 가치가 있다'라는 표현을 만들 수 있어요.

● **น่า**나 + 동작, 감정, 생각을 표현하는 동사의 형태로 해당 동사를 형용사로 만들어 줘요.

MP3
22_10

จีอิน

อา-ทิตํ นา- ไ빠이 티-아우 탈레- 깐 마이 카
อาทิตย์หน้าไปเที่ยวทะเลกันไหมคะ

다음주에 같이 바다에 놀러 갈래요?

มินซู

다이 크랍
ได้ครับ

그래요.

탈레- 티-난 와-이 나-ㅁ 다이 마이 크랍
ทะเลที่นั่นว่ายน้ำได้ไหมครับ

그곳 바다에서 수영할 수 있나요?

จีอิน

와-이 나-ㅁ 다이 카, 때- 디찬 와-이 나-ㅁ 마이 뻰
ว่ายน้ำได้ค่ะ แต่ดิฉันว่ายน้ำไม่เป็น

수영할 수 있어요. 그런데 저는 수영할 줄 몰라요.

쿤 민쑤- 와-이 나-ㅁ 뻰 르-카
คุณมินซูว่ายน้ำเป็นหรือคะ

민수 씨는 수영할 줄 아나요?

มินซู

뻰 크랍, 프러 리-안떠-ㄴ 뻰 덱 크랍
เป็นครับ เพราะเรียนตอนเป็นเด็กครับ

어렸을 때 배워서 할 줄 알아요.

티-난 미- 아라이 이-ㄱ 크랍
ที่นั่นมีอะไรอีกครับ

그곳에 또 무엇이 있나요?

มี-ชา-อิ ฮา่-ㅅ 티-쑤-아이 나่-드ㅓ-ㄴ 카

จีอิน   มีชายหาดที่สวยน่าเดินค่ะ

예쁘고 걸을 만한 해변이 있어요

쿤 민쑤- 러-ㅇ 드ㅓ-ㄴ 따-ㅁ 차-이 하่-ㅅ 씨 카

คุณมินซูลองเดินตามชายหาดสิคะ

민수 씨, 해변을 따라 걸어보세요

까-ㄴ 드ㅓ-ㄴ 추-아이 롯 콰-ㅁ 우-안 다่อิ 카

การเดินช่วยลดความอ้วนได้ค่ะ

걷기도 몸무게를 줄이는 데 도움이 될 수 있어요

떠-ㄴ 끌라-ㅇ 완 러-ㄴ 마-ㄱ, 폼 콩 드ㅓ-ㄴ 마่อิ 와่이 크랍

มินซู   ตอนกลางวันร้อนมาก
           ผมคงเดินไม่ไหวครับ

낮에는 너무 더워요. 저는 아마 못 걸을 거예요.

마่อิ 뻰 라이 카่, 드ㅓ-ㄴ 떠-ㄴ 옌 꺼- 다่อิ

จีอิน   ไม่เป็นไรค่ะ เดินตอนเย็นก็ได้

괜찮아요, 저녁 때 걸어도 돼요

 **단어 알아보기!**

ไปเที่ยว 빠่이 티-่야우 놀러 가다 | **ทะเล** 탈레- (타ㄹㄹ레-) 바다 | **ชายหาด** 차-이 하่-ㅅ 해변 | **คง** 콩 아마

도 *คง + 동사, 형용사로 표현 | **ลอง** 러-ㅇ ~을 시도하다, 해보다

연습문제

다음의 한글 문장을 태국어로 작문해 봅시다.

01 맛 보세요.

_____

02 해변이 예쁘고 걸을 만하다.

_____

03 걷기는 몸무게 줄이기에 도움이 될 수 있다.

_____

04 그는 수영을 할 수 있다. (배워서 할 수 있다)

_____

05 저는 더 이상 참지 못하겠습니다. (신체, 상황적으로 더 마실 수 있다)

_____

 다음의 문장에서 ได้ 다이 의 역할을 구분해봅시다.

01 ผมได้จองตั๋วไว้แล้ว   (   )

02 ดิฉันได้เงินจากคุณแม่   (   )

03 เธอสามารถทำอาหารไทยได้   (   )

 다음의 문장에서 เป็น 뻰 의 역할을 구분해봅시다.

01 เขาดื่มเหล้าไม่เป็น   (   )

02 เพราะเรียนตอนเป็นเด็ก   (   )

03 เราพูดคุยเป็นภาษาอังกฤษ   (   )

🛺 다음의 단어를 명사화 해봅시다.

동사	명사	동사	명사
กิน (먹다)		**รัก** (사랑하다)	
สูง (높다, 키가 크다)		**ซื้อ** (사다)	

🛺 다음의 단어를 형용사화 해봅시다.

동사	형용사	동사	형용사
เดิน (걷다)		**ฟัง** (듣다)	
พูด (말하다)		**ทำ** (하다)	

태국의 교통수단

택시, 지하철, 버스 이외의 대중교통을 상상하기 어려운 한국과 달리 태국에서는 다양한 대중교통들이 존재한다. 태국에서만 볼 수 있는 독특한 교통수단도 있으며 저마다 조금씩 다른 메리트를 갖고 있다.

택시

툭툭

버스(롯메~)

MRT

BTS

제23강

오늘 저는 파티에 초대를 받았어요
ผมได้รับเชิญในงานวันนี้ครับ

학습목표 🐘

- 피동문을 만드는 타동사 **ถูก**투ᅳㄱ과 **โดน**도ᅳㄴ, 동사 **ได้รับ**다이 랍을 사용하여 '～당하다, 받다'라는 태국어의 피동 표현을 할 수 있다.
- 사동문을 만드는 타동사 **ให้**하이와 **ทำให้**탐 하이를 사용하여 '～하게 하다'라는 태국어의 사동 표현을 할 수 있다.
- 문장 내에서 직접목적어, 간접목적어 2개의 목적어를 취하는 이중목적어 동사를 구별하여 사용할 수 있다.
- 태국어의 다양한 어조사를 구별하여 말하기에서 적절한 상황에 따라 사용할 수 있다.

핵심단어 🌸

(ทำ)ให้ (탐)하이 사동: ～하게 하다   **โดน** 도ᅳㄴ 피동: ～을 당하다, 받다

ถูก 투ᅳㄱ 피동: ～을 당하다, 받다   **ได้รับ** 다이 랍 피동: ～을 받다

핵심포인트

> ### 태국어의 피동/수동 표현

🎧 **MP3** 23_01

1 피동문을 만드는 타동사 ถูก 투-ㄱ : (부정적인 상황을) 당하다

쪼-ㄴ 카모-이 끄라빠오 카
โจรขโมยกระเป๋าค่ะ

능동 표현: 도둑이 가방을
훔쳤습니다.

디찬 투-ㄱ 카모-이 끄라빠오 카
ดิฉันถูกขโมยกระเป๋าค่ะ

피동 표현: 나는 가방을 도둑
맞았습니다.

디찬 투-ㄱ 쪼-ㄴ 카모-이 끄라빠오 카
ดิฉันถูกโจรขโมยกระเป๋าค่ะ

피동 표현: 나는 도둑으로부터
가방을 도둑맞았습니다.

디찬 마이 투-ㄱ 카모-이 끄라빠오 카
ดิฉันไม่ถูกขโมยกระเป๋าค่ะ

피동 표현의 부정: 나는
가방을 도둑맞지 않았습니다.

- **ถูก**투-ㄱ은 '(부정적인 상황을) 당하다'라는 뜻의 타동사예요. 절 앞에 위치해서 피동 문을 만들어요.

- 주어 + **ถูก**투-ㄱ + 동사 + (목적어)로 '주어가 ~을 당하다' 혹은, 주어[1] + **ถูก**투-ㄱ + {주어[2] + 동사 + (목적어)}로 '주어[1]이 주어[2]에 의해 ~을 당하다'는 표현을 만들 수 있어요.

- 부정문은 주어 + **ไม่**마이 + **ถูก**투-ㄱ + 동사 + (목적어) 혹은, 주어[1] + **ไม่**마이 + **ถูก** 투-ㄱ + {주어[2] + 동사 + (목적어)}로 표현해요.

🎯 **Tip** 조동사 **ถูก**투-ㄱ은 공식적인 말하기와 글쓰기에서도 쓸 수 있어요.

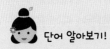
단어 알아보기!

โจร 쪼ㄴ 도둑, 강도 | **ขโมย** 카모ㅡ이 훔치다, 도둑질하다 / 도둑 | **กระเป๋า** 끄라빠오 가방

 ② 동사 ถูก 투ㅡㄱ **: ~에 닿다, 적중하다, 어울리다** 🎧 **MP3** 23_02

쓰ㅡ아 뚜ㅡ아 니ㅡ 투ㅡㄱ 짜이 폼

เสื้อตัวนี้ถูกใจผม

이 옷은 내 마음에 들어요
('적중하다'라는 뜻의 동사로 쓰임)

폼 깝 카오 투ㅡㄱ 깐

ผมกับเขาถูกกัน

나와 그는 잘 어울려요
('어울리다'라는 뜻의 동사로 쓰임)

● **ถูก** 투ㅡㄱ은 동사로 다양한 뜻을 가지고 있어요. '~에 닿다, 적중하다, 어울리다' 등의 뜻을 가졌죠.

● **ถูก** 투ㅡㄱ + 명사의 형태일 때는 '~을 당하다' 의미의 조동사가 아니라, 동사로 쓰인 경우예요.

3 피동문을 만드는 타동사 โดน_{도-ㄴ} : (부정적인 상황을) 당하다

프안 프-안 후아러 여 여의이
เพื่อน ๆ หัวเราะเยาะเย้ย

능동 표현: 친구들이
비웃는다.

폼 도-ㄴ 프안 프-안 후아러 여 여의이
ผมโดนเพื่อน ๆ หัวเราะเยาะเย้ย

피동 표현: 나는 친구들에게
비웃음을 샀다.

폼 마이 도-ㄴ 프안 프-안 후아러 여 여의이
ผมไม่โดนเพื่อน ๆ หัวเราะ
เยาะเย้ย

피동 표현의 부정: 나는
친구들에게 비웃음을 사지
않았다.

- **โดน**_{도-ㄴ}도 '(부정적인 상황을) 당하다'라는 뜻의 타동사예요. 절 앞에 위치해서 피동문을 만들어요.

- 주어 + **โดน**_{도-ㄴ} + 동사 + (목적어)로 '주어가 ~을 당하다' 혹은, 주어[1] + **โดน**_{도-ㄴ} + {주어[2] + 동사 + (목적어)}로 '주어[1]이 주어[2]에 의해 ~을 당하다'는 표현을 만들 수 있어요.

- 부정문은 주어 + **ไม่**_{마이} + **โดน**_{도-ㄴ} + 동사 + (목적어) 혹은, 주어[1] + **ไม่**_{마이} + **โดน**_{도-ㄴ} + {주어[2] + 동사 + (목적어)}로 표현해요.

🎯 **Tip**   조동사 **โดน**_{도-ㄴ}은 구어체로 주로 말하기나 가벼운 글쓰기에 쓰여요.

 단어 알아보기!

เพื่อน _{프-안} 친구 | **หัวเราะ** _{후아러} 웃다 | **เยาะเย้ย** _{여 여의이} 비웃다 | **มา** _{마-} 오다 | **หา** _{하-} 찾다

4 **동사 โดน**โด-ㄴ : ~에 닿다, 적중하다   🎧 **MP3** 23_04

므- 도-ㄴ 커-ㅇ 러-ㄴ
มือโดนของร้อน

손이 뜨거운 것에 닿았어요.
('접촉하다'라는 뜻의 동사로 쓰임)

르-앙 니- 도-ㄴ 짜이 마-ㄱ
เรื่องนี้โดนใจมาก

이 얘기는 매우 맘에 와닿는다, 맘에 든다.
('적중하다'라는 뜻의 동사로 쓰임)

- **โดน**โด-ㄴ은 동사로 다양한 뜻을 가지고 있어요. '~에 닿다, 적중하다' 등의 뜻을 가 졌죠.

- **โดน**โด-ㄴ + 명사의 형태일 때는 '~을 당하다'라는 조동사가 아니라, 동사로 쓰인 경우예요.

⑤ 동사 ได้รับ다이랍 : ~받다, 겪다, 입다

🎧 **MP3** 23_05

폼츠ㅓㄴ 탄 나이 응아ㅓㄴ

ผมเชิญท่านในงาน

능동 표현: 나는 파티에 그분을 초대했다.

탄 다이 랍츠ㅓㄴ 나이 응아ㅓㄴ

ท่านได้รับเชิญในงาน

수동 표현: 그분은 파티에 초대를 받았다.

탄 마이 다이 랍츠ㅓㄴ 나이 응아ㅓㄴ

ท่านไม่ได้รับเชิญในงาน

수동 표현의 부정: 그분은 파티에 초대를 받지 못했다.

- **ได้รับ**다이랍은 동사이지만 '~을 받다, 겪다, 입다'라는 의미로서 주어 + **ได้รับ**다이랍 + 동사 + (목적어) 형태로 '(긍정적/자발적인 상황을) 받다, 겪다, 입다'라는 피동 표현을 할 때 사용해요.

- 부정문은 주어 + **ไม่**마이 + **ได้รับ**다이랍 + 동사 + (목적어)로 표현하고, '~을 받지 않았다/못했다'라는 뜻으로 쓰여요.

 단어 알아보기!

เชิญ 츠ㅓㄴ 초대하다, 초청하다 | **งาน** 응아ㅓㄴ 일, 사건, 파티

6 동사 **ได้รับ**다이랍 : ~받다, 입다

너-ㅇ 차-이 다이랍 라-ㅇ완

น้องชายได้รับรางวัล

동생이 상을 받(았)다.

카오 다이 랍 바-ㅅ쩹 짜-ㄱ 우밧띠헤-ㅅ

เขาได้รับบาดเจ็บจากอุบัติเหตุ

그는 사고에서 상처를 입었다.

- **ได้รับ**다이랍 + 명사의 형태일 때도 역시 피동을 나타낼 때와는 달라요. '상처를 입 다'는 긍정적이 아닌 상황임에도 불구하고 **ได้รับ**다이랍으로 표현했어요.

- 그러나 이 경우 역시 **ได้รับ**다이랍 + 명사의 형태로 사용되었으므로, 긍정 상황을 받 는 피동의 표현을 할 때와 구분해야 해요.

 단어 알아보기!

รางวัล 라-ㅇ완 상 | **อุบัติเหตุ** 우밧띠헤-ㅅ 사고

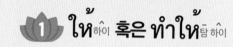

태국어의 사동 표현

1 ให้하̂이 혹은 ทำให้탐하̂이

🎧 MP3 23_07

크루- 하̂이 낙리-안 떠ˇ-ㅂ

ครูให้นักเรียนตอบ

선생님은 학생이 대답하게
했다.

루̂-ㄱ카́ 콘 니́- 탐 하̂이 깨̂우 때̀-ㄱ

ลูกค้าคนนี้ทำให้แก้วแตก

이 손님이 컵을 깨뜨렸다.

크루- 마̂이 하̂이 낙리-안 푸̂-ㅅ 씨̌-앙 당

ครูไม่ให้นักเรียนพูดเสียงดัง

선생님은 학생이 시끄럽게
말하지 못하게 했다.

- **ให้**하̂이 혹은 **ทำให้**탐하̂이를 사용해서 '~하게 하다'라는 사동 표현을 만들 수 있어요.

- 주어¹ + **(ทำ)ให้**(탐) 하̂이 + {(주어²) + 동사/형용사 + (목적어)}로 표현해요. '주어¹
이 주어² 에게 ~하게 하다, ~을 시키다'라는 뜻이에요.

- **(ทำ)ให้**(탐) 하̂이의 부정은 주어¹ + **ไม่**마̀이 + **(ทำ)ให้**(탐) 하̂이 + {주어² + 동사/형용
사 + (목적어)}로 표현해요. '주어¹이 주어²에게 ~하게 하지 않다, ~을 시키지 않다'
라는 뜻이에요.

> 🎯 **Tip** **ให้**하̂이는 사동자, 피사동자가 사람일 경우, 사동자가 의도를 가지고 명령한 경우에 사용해요. 반면
> **ทำให้**탐 하̂이는 사동자, 피사동자가 사람이든 아니든, 그리고 의도를 가졌든지 여부에 관계 없이
> 사용해요.

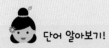

단어 알아보기!

ตอบ 떠-ㅂ 대답하다 │ **ลูกค้า** 루-ㄱ카- 고객, 손님 │ **แก้ว** 깨^우 잔, 컵 │ **แตก** 때-ㄱ 깨지다, 부서지다

PLUS

ให้하이의 사용

- **ให้**하이는 사동사로 사용되는 것 이외에도 다음과 같이 여러가지로 사용될 수 있어요.

  ❶ 전치사로 사용: 명사 앞에 위치하여 '~에게'라는 표현을 나타낸다.

  ❷ 사역 동사로 사용: 본동사, 절 혹은 구 앞에 위치하여 '~게 하다'라는 사역 표현을 나타낸다.

  ❸ 이중 목적어 동사로 사용: **ให้**하이 자체를 본동사로 사용하면 '~을 주다'라는 뜻을 나타낸다.

폼 버-ㄱ 하^이 카오
ผมบอกให้เขา 선생님은 학생이 대답하게 했다.

폼 하^이 카오 버-ㄱ
ผมให้เขาบอก 이 손님이 컵을 깨뜨렸다.

폼 하^이 캄 떠-ㅂ 카오
ผมให้คำตอบเขา 선생님은 학생이 대답하지 못하게 했다.

목적어 2개의 문장

🎧 MP3 23_08

카오 써-ㄴ 파-싸- 타이 (깨-) 덱덱

เขาสอนภาษาไทย(แก่)เด็ก ๆ

그가 아이들에게 태국어를 가르친다.

피- 뻐-ㄴ 카-우 (하이) 너-ㅇ

พี่ป้อนข้าว(ให้)น้อง

형은 동생에게 밥을 먹여준다.

크루- 째-ㄱ 라-ㅇ완 (하이) 낙리-안

ครูแจกรางวัล(ให้)นักเรียน

선생님이 학생에게 상을 나눠준다.

쿤 매- 하이 응원 (깨-) 너-ㅇ

คุณแม่ให้เงิน(แก่)น้อง

어머니는 동생에게 돈을 준다.

นักเรียนถามภาษาไทย(แก่)ครู

학생이 선생님께 태국어를 묻는다.

파낙응아-ㄴ 뜨ㅓ-ㅁ 나-ㅁ만 (나이) 롯

พนักงานเติมน้ำมัน(ใน)รถ

직원이 차에 기름을 넣는다.

- '주어 + 이중 목적어 동사 + 직접목적어(사물) + (전치사) + 간접목적어(사람)' 형태로 간접목적어 앞에 위치하는 전치사를 생략하여, 동사 하나에 목적어가 2개 있는 문장 표현이 가능해요.

- 모든 동사가 가능한 것은 아니고 몇 개의 특별한 단어만 가능해요.

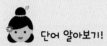
단어 알아보기!

แก่ (전치사) ~에게 | **ให้** (전치사) ~에게 | **ใน** (전치사) ~안에 | **บอก** 말하다 **คำตอบ** 대답, 응답, 답안

🎧 MP3 23_09

PLUS

대표적인 이중 목적어 동사

단어	발음	뜻
ขาย	카-이	팔다
จ่าย	짜-이	지불하다
แจก	째-ㄱ	나눠주다
ตอบ	떠-ㅂ	대답하다
เติม	뜨ㅓ-ㅁ	더하다, 넣다
ถาม	타-ㅁ	묻다
ป้อน	뻐-ㄴ	먹이다, 공급하다, 제공하다
มอบ	머-ㅂ	주다, 부여하다, 위임하다
รด	롯	(물을) 주입하다, 뿌리다
สอน	써-ㄴ	가르치다
ให้	하이	주다
อบรม	옵롬	훈련하다, 교육하다

 **PLUS**

어조사

태국어에는 다양한 어조사가 발달해 있어요. 어조사는 단독으로 뜻을 갖지 않지만, 문장 말미에 위치하여 화자가
전달하고자 하는 어감을 전달하는 역할을 해요.

1) **ล่ะ** 라 (의문의 표현) : **ล่ะ** 라는 '～는? ～는요?'라는 뜻의 의문문 활용 이외에 일반 의문, 명령, 청유에서
사용된다.

    คุณล่ะ 쿤 라 당신은요?   **ไปทำไมล่ะ** 빠이 탐마이 라 (대체) 왜 가나요?

2) **จ๊ะ** 짜, **จ๋ะ**- 짜-, **จ้า** 짜- 등 (친근함의 표현) : 주로 동년배나 손아랫 사람, 혹은 친근한 관계의 손윗사람과
사용된다.

    แม่จ๋า 매-짜- 엄마~!   **ไปไหนจ๊ะ** 빠이 나이 짜 어디 가니?

3) **วะ** 와 / **หว่ะ** 와 / **ยะ** 야 / **ย่ะ** 야 : 친구나 손아랫사람에게 사용하는 어조사

    นี่คืออะไรวะ 니- 아라이 와 이건 뭐냐?   **ทำไมยะ** 탐 마이 야 왜 그런 거야? (왜~?)

4) **เถอะ** 트+, **เถิด** 틋, **นะ** 나 등 (권유의 표현) : **นะ**, **น่ะ**는 권유 이외에도 애원, 강제, 동의, 의지, 의문 등을
표현할 때도 사용해요.

    ไปเถอะ 빠이 트+ 가자!   **ไปนะ** 빠이 나 가자~
    เข้าใจนะ 카오 짜이 나 이해했지?

5) **สิ** 씨, **ซิ** 씨, **สะ** 싸, **ซะ** 싸 등 (명령의 표현)

    กินสิ 낀 씨 먹어라!   **อ่านซะ** 아-ㄴ 싸 읽어라!

6) **หรอก** 러-ㄱ, **แหละ** 래, **แน่ะ** 내, **ละ** 라 등 (강조의 표현)

    นี่แหละ ภาษาไทย 니- 래, 파-싸- 타이 바로 이게 태국어야.
    ไม่เข้าใจหรอก 마이 카오 짜이 러-ㄱ 전혀 이해를 못 해.
    ไปละ 빠이 라 간다~

연습대화

MP3
23_10

จีอิน 쿤 쏨차-이 짜 빠이 나이 카

คุณสมชายจะไปไหนคะ

쏨차이 씨, 어디 가세요?

สมชาย 폼 다이 랍 츠ㅓ-ㄴ 나이 응아-ㄴ 로-ㅇ 리-안 완니-

ผมได้รับเชิญในงานโรงเรียนวันนี้

제가 오늘 학교 행사에 초청을 받아서요.

폼 쯩 깜랑 짜 빠이 로-ㅇ리-안 크랍

ผมจึงกำลังจะไปโรงเรียนครับ

그래서 저는 학교에 가려는 중이에요.

래-우 쿤 라 크랍

แล้วคุณล่ะครับ

그러는 당신은요?

จีอิน 디찬 도-ㄴ 카모-이 끄라빠오 응원, 쯩 짜 빠이 째-ㅇ 콰-ㅁ 카

ดิฉันโดนขโมยกระเป๋าเงิน
จึงจะไปแจ้งความค่ะ

저는 지갑을 도둑맞아서요. 그래서 신고하러 가려고요.

สมชาย 아-우, 하이 폼 빠이 싸타-니- 땀루-앗 두-아이 마이 크랍

อ้าว ให้ผมไปสถานีตำรวจด้วยไหมครับ

아이고, 제가 경찰서에 함께 갈까요?

마이 뻰 라이 카, 디찬 빠이 에-ㅇ 다이 카

จีอิน ไม่เป็นไรค่ะ ดิฉันไปเองได้ค่ะ

괜찮아요 저 혼자 갈 수 있어요

쿤 투-ㄱ 카모-이 끄라빠오 응원 티-나이

สมชาย คุณถูกขโมยกระเป๋าเงินที่ไหน

당신은 어디에서 지갑을 도둑맞았나요?

래 나이 난 미- 아라이 바-ㅇ 크랍

และในนั้นมีอะไรบ้างครับ

그리고 거기에 무엇 무엇이 있었나요?

나이 끄라빠오 응원 미- 응원 쏫 써-ㅇ 판 바-ㅅ 카

จีอิน ในกระเป๋าเงินมีเงินสด 2,000 บาทค่ะ

지갑 안에는 현금 2천 바트가 있었어요

때- 도-ㄴ 카모-이 티- 나이, 디찬 마이 루- 러-ㄱ 카

แต่โดนขโมยที่ไหน ดิฉันไม่รู้หรอกค่ะ

그런데 어디에서 도둑맞았는지는 저는 전혀 모르겠어요

래-우 쿤 짜 째-ㅇ 콰-ㅁ 야-ㅇ라이 크랍

สมชาย แล้วคุณจะแจ้งความอย่างไรครับ

그래서 당신은 어떻게 신고하시겠어요?

하이 폼 빠이 두아-이 나

ให้ผมไปด้วยนะ

제가 같이 가도록 할게요

จีอิน

마이 뻰 라이 러-ㄱ 카, 쿤 빠이 응아-ㄴ 로-ㅇ리-안 트ㅓ

ไม่เป็นไรหรอกค่ะ

คุณไปงานโรงเรียนเถอะ

정말 괜찮아요, 당신은 학교 행사에 가세요.

디찬 떠-ㅇ 리-ㅂ, 빠이 꺼-ㄴ 라 나 카

ดิฉันต้องรีบ ไปก่อนละนะคะ

제가 서둘러야 해서요, 먼저 가볼게요.

 단어 알아보기!

กระเป๋าเงิน 끄라빠오 응언 지갑 | **แจ้งความ** 째-ㅇ 콰-ㅁ (경찰에) 신고하다, 보고하다 | **สถานีตำรวจ** 싸 타-니-땀루-앗 경찰서, 파출소 | **บ้าง** 바-ㅇ 또 [그 밖의] 다른 *~**บ้าง** | **เงินสด** 응언쏫 현금 | **รีบ** 리-ㅂ 서 두르다

연습문제

다음의 한글 문장을 태국어로 작문해봅시다.

01 선생님이 학생에게 상을 주었다.

_____

02 학생은 선생님으로부터 상을 받았다.

_____

03 그분은 사고에서 상처를 입었다.

_____

04 나는 가방을 도둑맞지 않았습니다.

_____

05 그는 나에게 태국어를 묻는다.

_____

06 나는 초대를 받지 못했다.

_____

07 나는 친구들에게 웃음을 샀다.

_____

08 직원이 차에 기름을 넣는다.

_____

09 이 손님이 컵을 깨뜨렸다.

_____

다음의 문장에서 ให้의 역할을 구분해봅시다.

01 ดิฉันซื้อหนังสือให้เพื่อน ( )

02 คุณแม่ให้ผมทำการบ้าน ( )

03 คุณลุงให้อาหารแมว ( )

태국의 축제

태국 하면 축제를 빼놓을 수 없다. 종교적인 축제부터, 새해맞이 축제까지 주제도 다양하지만 축제의 내용도 다채롭다. 때문에 날짜만 잘 맞추면 세계 어느 곳에서도 체험할 수 없는 특별한 여행이 가능하다. 대표적으로 송크란 축제(새해맞이 축제), 러이끄라통 축제 등이 있다.

제24강

이것보다 더 큰 사이즈가 있나요?
มีไซส์ใหญ่กว่านี้ไหมคะ

학습목표 🐘

- **กว่า**^{ᵖ̄ʷ-}를 사용하여 비교급의 표현을 할 수 있다.
- **ที่สุด**^{티̂-쑫}을 사용하여 최상급의 표현을 할 수 있다.
- **เหมือน**^{ᵐ̌ᵘᵉᵃⁿ}, **เท่า**^{타̂오}를 사용하여 동급의 표현을 할 수 있다.
- **และ**^래, **หรือ**^{ᵣ̌-}, **แต่**^{때̀-}를 사용하여 이어진 문장을 표현할 수 있다.
- 태국어의 색깔 표현과 의복 명칭을 알고 구분하여 사용할 수 있다.

핵심단어 🌸

- **กว่า** ^{ᵖ̄ʷ-} ~보다도, ~이상의
- **ที่สุด** ^{티̂-쑫} 가장, 제일
- **เหมือน** ^{ᵐ̌ᵘᵉᵃⁿ} ~와 같다
- **เท่า** ^{타̂오} 동등하다
- **กับ** ^깝 ~와(과)

- **กัน** ^깐 서로에게, 서로의, 서로를 / 서로 함께 ~하다(동사 뒤에 첨가)
- **และ** ^래 ~과 / 그리고
- **หรือ** ^{ᵣ̌-} 혹은, 또는 / ~나, ~이나
- **แต่** ^{때̀-} 그러나, 그렇지만, 그런데

핵심포인트

비교급 กว่า꽈- **: ~보다**   🎧 **MP3** 24_01

라`-ㄴ (해`-ㅇ) 니-투-ㄱ 꽈-라`-ㄴ (해`-ㅇ) 난`
ร้าน(แห่ง)นี้ถูกกว่าร้าน(แห่ง)นั้น

이 가게는 저 가게보다 싸다.

떠-ㄴ니-너`-ㅇ 차-이 커`-ㅇ 디찬 쑤`-ㅇ 꽈-디찬 카`
ตอนนี้น้องชายของดิฉัน สูงกว่าดิฉันค่ะ

지금은 제 남동생이 저보다 큽니다.

- **กว่า**꽈-를 사용해서 '~보다 ~하다'라는 비교의 표현을 나타낼 수 있어요. **กว่า**꽈- 는 형용사나 상태, 성질, 감정을 나타내는 동사 뒤에 위치해요.

- 비교급은 명사¹ + 형용사/상태, 성질, 감정을 나타내는 동사 + **กว่า**꽈- + (명사²)의 형태로 표현해요. '명사¹이 (명사²)보다 ~하다'라는 의미예요.

- **กว่า**꽈-는 동작을 나타내는 동사와 그 목적어 뒤에는 바로 위치할 수 없어요. 동작 을 나타내는 동사의 최상급을 만들기 위해서는 형용사 뒤에 **กว่า**꽈-를 써요. 아래 예시에서 **เขียน**키-안은 '쓰다'라는 뜻의 동작을 나타내는 동사예요. 비교급을 만들기 위해서는 반드시 **สวย**쑤`-아이와 같은 형용사가 필요해요.

예시 | **เธอเขียนหนังสือกว่าดิฉัน (X)** 트ㅓ-키-안 낭쓰- 꽈- 디찬
เธอเขียนหนังสือสวยกว่าดิฉัน (O) 트ㅓ-키-안 낭쓰- 쑤`-아이 꽈- 디찬
그녀는 나보다 글씨를 더 예쁘게 써요.

 단어 알아보기!

ร้าน 라`-ㄴ 가게 | **เสื้อ** 쓰^-아 옷

최상급 ที่สุด_{티-쏫} : 가장, 제일

🎧 MP3 24_02

아-하ˇ-ㄴ 타이 아러-이 티-쏫 나이 로-ㄱ

อาหารไทยอร่อยที่สุดในโลก

세상에서 태국 음식이 가장
맛있다.

디찬 푸-ㅅ 파-싸ˇ- 타이 껭 티-쏫 나이 허-ㅇ 리-안 니-

ดิฉันพูดภาษาไทยเก่งที่สุด
ในห้องเรียนนี้

나는 이 교실에서 태국어를
가장 잘 (말)한다.

● **ที่สุด**_{티-쏫}은 '가장, 제일'이란 뜻을 가지고 있어 최상급을 나타낼 때 쓰이고 형용사나 상태, 감정을 나타내는 동사 뒤에 위치해요.

● 최상급은 주어 + (동작을 나타내는 동사) + (목적어) + 형용사/상태, 성질, 감정을 나타내는 동사 + **ที่สุด**_{티-쏫}의 형태로 표현해요. '주어가 가장 ~하다'라는 의미를 나타내요.

● **ที่สุด**_{티-쏫}은 동작을 나타내는 동사와 그 목적어 뒤에는 바로 위치할 수 없어요. 동작을 나타내는 동사의 최상급을 만들기 위해서는 형용사 뒤에 **ที่สุด**_{티-쏫}을 써요.

예시 ผมกินข้าวที่สุด (X) 폼 낀 카ⓥ우 티ⓥ쑷
ผมกินข้าวเยอะมากที่สุด (O) 폼 낀 카ⓥ우여 마ⓕ 티ⓥ쑷 나는 밥을 가장 많이 먹어요.

위 예시에서 **กิน**낀은 '먹다'라는 의미로 동작을 나타내는 동사예요. 그러므로 위의 문장의 최상급을 만들기 위해서는 반드시 **เยอะมาก**여마ⓕ과 같은 형용사가 필요해요.

단어 알아보기!

อร่อย 아러ⓥ이 맛있다 | **โลก** 로ⓕ 지구, 세계 | **เก่ง** 껭 잘하다

동급의 표현

동급의 표현에서 반드시 알아야 할 단어는 다음과 같아요.

เหมือน 므ⓥ안 : ~와 같다, 똑같다
เท่า 타ⓤ오 : 동등하다, 상당하다 (값, 크기 등 숫자로 나타낼 수 있는 것에 쓰임)
กับ 깝 : ~와(과)
กัน 깐 : 서로 (두 사람 이상의 사람이 동시에 같은 동작을 하다. 또는 서로 함께 한다는 것을 나타내기 위하여 동사의 뒤에 붙이는 말)

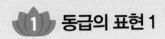 1 동급의 표현 1

🎧 **MP3** 24_03

트ᅥ̄-쑤̌-아이 므̌-안 (깝) 피̂-싸̌-우 커̌-ㅇ 트ᅥ̄-

เธอสวยเหมือน(กับ)
พี่สาวของเธอ

그녀는 그녀의 언니같이
예쁘다.

카̌오 뚜아 쑤̌-ㅇ 타̂오 (깝) 낙 낄라- 바̀-ㅅ껫버-ㄴ

เขาตัวสูงเท่า(กับ)
นักกีฬาบาสเกตบอล

그는 농구 선수만큼 크다.

트ᅥ̄-쑤̌-아이 마̂이 므̌-안 (깝) 피̂-싸̌-우 커̌-ㅇ 트ᅥ̄-

เธอสวยไม่เหมือน(กับ)
พี่สาวของเธอ

그녀는 그녀의 언니와 달리
예쁘다.

카̌오 뚜아 쑤̌-ㅇ 마̂이 타̂오 (깝) 낙 낄라- 바̀-ㅅ껫버-ㄴ

เขาตัวสูงไม่เท่า(กับ)
นักกีฬาบาสเกตบอล

그는 농구 선수만큼 크지
않다.

- **เหมือน(กับ)**므̌-안 (깝) / **เท่า(กับ)**타̂오 (깝)을 써서 동급을 표현할 수 있어요.

- **เหมือน(กับ)**므̌-안 (깝) / **เท่า(กับ)**타̂오 (깝)은 비교하는 두 대상 가운데에 위치해요.

- 동급은 명사¹ + 동사/형용사 + **เหมือน(กับ)**므̌-안 (깝) / **เท่า(กับ)**타̂오 (깝) + 명사²
  의 형식으로 표현할 수 있어요. '명사¹이 명사²와 같다'라는 뜻을 나타내요.

부정문은 명사¹ + 동사/형용사 + **ไม่เหมือน(กับ)**마이 므ˇ안 (깝) / **ไม่เท่า(กับ)**마이

타ˆ오 (깝) + 명사²로 쓰고, '명사¹이 명사²와 같지 않다'라는 뜻을 나타내요.

 Tip **เหมือน(กับ)**므ˇ안 (깝) / **เท่า(กับ)**타ˆ오 (깝)은 형용사뿐 아니라, 동작을 나타내는 동사, 상태,

성질, 감정을 나타내는 동사와도 쓸 수 있어요. 다만, **เท่า**타ˆ오의 경우 값, 크기 등 숫자, 수치로

나타낼 수 있는 것과 쓰인다는 점을 구분해서 사용하도록 해요.

단어 알아보기!

นักกีฬา 낙 낄라- 운동 선수 | **บาสเกตบอล** 바-ㅅ껫버-ㄴ 농구

2 동급의 표현 2

 MP3 24_04

อา-ห่า-ㄴ타이깝아-ห่า-ㄴ까올리-아러-이므-안깐

อาหารไทยกับอาหารเกาหลี
อร่อยเหมือนกัน

태국 음식과 한국 음식은
똑같이 맛있다.

쓰-아 뚜아 니- 깝 쓰-아 뚜아 난 라-카- 타오 깐

เสื้อตัวนี้กับเสื้อตัวนั้น
ราคาเท่ากัน

이 옷과 저 옷은 가격이 같다.

아-ห่า-ㄴ타이깝아-ห่า-ㄴ까올리-아러-이마이므-안깐

อาหารไทยกับอาหารเกาหลี
อร่อยไม่เหมือนกัน

태국 음식과 한국 음식은
서로 다르게 맛있다.

쓰-아 뚜아 니- 깝 쓰-아 뚜아 난 라-카- 마이 타오 깐

เสื้อตัวนี้กับเสื้อตัวนั้น
ราคาไม่เท่ากัน

이 옷과 저 옷은 가격이 서로
다르다.

• **เหมือนกัน**므-안깐 / **เท่ากัน**타오깐은 문장 맨 뒤에 위치해요.

• 동급은 명사¹ + **กับ** + 명사² + 동사/형용사 + **เหมือนกัน**므-안깐 / **เท่ากัน**타오깐의
  형식으로 표현할 수도 있어요. '명사¹과 명사²가 서로 같다'라는 뜻을 나타내요.

부정문은 명사[1] + **กับ** + 명사[2] + 동사/형용사 + **ไม่เหมือนกัน**마이 므-안 깐 / **ไม่เท่ากัน**마이 타오 깐으로 쓰고, '명사[1]과 명사[2]가 서로 같지 않다'라는 뜻을 나타내요.

Tip A **เหมือน(กับ)**므-안 (깝) / **เท่า(กับ)**타오 (깝) B의 문장에서는 **กับ**깝을 생략할 수 있지만, A **กับ**깝 B ... **เหมือนกัน**므-안 깐 / **เท่ากัน**타오 깐의 문장에서는 **กับ**깝과 **กัน**깐을 생략할 수 없어요.

이어진 문장

 และ래, **หรือ**르-, **แต่**때- 🎧 MP3 24_05

디찬 드-ㅁ 까-풰-(kaafae) 래 카오 꺼- 드-ㅁ 까-풰-(kaafae) 첸 깐

ดิฉันดื่มกาแฟ
และเขาก็ดื่มกาแฟเช่นกัน

나는 커피를 마시고, 그도
마찬가지로 커피를 마셔요.

폼 짜 쓰- 낭쓰- 르- 짜 이으-ㅁ (yeum) 짜-ㄱ 카오 크랍

ผมจะซื้อหนังสือ
หรือจะยืมจากเขาครับ

나는 책을 사거나 그에게서
빌릴 것입니다.

폼 빠이 완니- 때- 카오 짜 빠이 프룽니- 크랍

ผมไปวันนี้
แต่เขาจะไปพรุ่งนี้ครับ

나는 오늘 가지만, 그는 내일
갈 것입니다.

- **และ**래, **หรือ**르-, **แต่**때-는 각각 문장을 이어주는 접속사예요. 문장과 문장 사이, 즉 두 번째 문장 앞에 위치해요.

- **และ**래는 '그리고', **หรือ**르-는 '~(이)거나, 혹은', **แต่**때-는 '그러나, 그런데'의 뜻을 나타내요.

- 두 문장 이상을 이어서 말할 때에는 문맥에 맞는 적절한 접속사를 활용해서 말해야 해요.

และ 래 : ~과 / 그리고

หรือ 르̀- : 혹은, 또는 / ~나, ~이나

แต่ 때- : 그러나, 그렇지만, 그런데

 단어 알아보기!

กาแฟ 까-풰-(kaafae) 커피 | เช่นกัน 첸̂깐 ~와 마찬가지로 | ยืม 이으-ㅁ(yeum) 빌리다

และ래의 다른 용법

🎧 **MP3** 24_06

너-ㅇ 싸-우 깝 폼 끄랍 바-ㄴ

น้องสาวกับผมกลับบ้าน

여동생과 나는 집에 돌아간다. (함께의 의미)

너-ㅇ 싸-우 래 폼 끄랍 바-ㄴ

น้องสาวและผมกลับบ้าน

여동생과 나는 집에 돌아간다. (각각의 의미)

디찬 낀 카-우 깝 깨-ㅇ

ดิฉันกินข้าวกับแกง

나는 밥과 국을 먹는다. (함께의 의미)

디찬 낀 카-우 래 깨-ㅇ

ดิฉันกินข้าวและแกง

나는 밥과 국을 먹는다. (각각의 의미)

และ래는 문장과 문장을 이어줄 때 사용될 뿐 아니라, 한 문장 내에서 다른 성분들을 이어줄 때도 사용할 수 있어요. 이때 **และ**래는 '~와/과'의 뜻을 나타내요.

앞서 배운 **กับ**깝 역시 '~와/과'라는 뜻을 가지고 있었죠? 그럼 문장 구성 성분을 이어주는 **และ**래와 **กับ**깝은 어떤 차이가 있을까요?

이 두 개의 단어는 기본적으로 같은 의미를 가지고 있어요. 다만 **กับ**깝은 '함께'의 의미가 숨어 있고, **และ**래는 '각각'의 의미가 숨어 있어요. 어떤 단어를 사용해서 이어주는지에 따라 약간의 어감의 차이가 발생한답니다.

나열하는 성분이 3개 이상이 되면, **กับ**깝은 사용할 수 없고, 반드시 **และ**래를 써야 해요. 이 때, **และ**래는 마지막 단어 앞에 위치해요.
다음의 예시를 함께 살펴봅시다.

 ผมสามารถพูดทั้งภาษาไทย ภาษาจีน กับภาษาอังกฤษได้ (X)

폼 싸-마ˇ-ㅅ 푸ˆ-ㅅ 탕 파-싸ˇ- 타이 파-싸ˇ- 찌-ㄴ 깝 파-싸ˇ- 앙끄릿 다ˆ이

ผมสามารถพูดทั้งภาษาไทย ภาษาจีน และภาษาอังกฤษได้ (O)

폼 싸-마ˇ-ㅅ 푸ˆ-ㅅ 탕 파-싸ˇ- 타이 파-싸ˇ- 찌-ㄴ래 파-싸ˇ- 앙끄릿 다ˆ이

나는 태국어, 중국어, 영어를 모두 말할 수 있다.

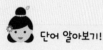 단어 알아보기!

ทั้ง 탕 모두, 모든, 다

3 หรือ르-의 다른 용법 (가제)

 MP3 24_07

폼 르- 카오 짜 빠이 하- 크루- 크랍

ผมหรือเขาจะไปหาครูครับ

저 혹은 그가 선생님을 찾아
갈 것입니다. (주어 성분 접속)

디찬 짜 드ㅓ-ㄴ 르- 짜 낭 롯 빠이 카

ดิฉันจะเดินหรือจะนั่งรถไปค่ะ

저는 걸어가거나 차를 타고
갈 것입니다. (동사 성분 접속)

폼 짜 낀 아-하-ㄴ 까올리- 르- 아-하-ㄴ 이-뿐 크랍

**ผมจะกินอาหารเกาหลี
หรืออาหารญี่ปุ่นครับ**

저는 한국 음식이나 일본
음식을 먹을 것입니다.
(목적어 성분 접속)

- **หรือ**르- 역시 문장과 문장을 이어줄 때 사용될 뿐 아니라, 한 문장 내에서 다른 성분들을 이어줄 때도 사용할 수 있어요. 이때 **หรือ**르-는 '~(이)나'의 뜻을 나타내요.

- 이처럼 **และ**래와 **หรือ**르-는 문장 내 구성 성분을 이어줄 때와 문장과 문장을 이어줄 때 모두 쓰일 수 있어요. 하지만 **แต่**때-는 문장과 문장을 이어줄 때만 쓸 수 있어요.

 단어 알아보기!

เดิน 드ㅓ-ㄴ 걷다

태국어의 색깔 표현과 의복 명칭

 태국어의 색깔 표현 🎧 MP3 24_08

대-ㅇ **แดง** 붉다, 빨갛다	담 **ดำ** 검다	카우 **ขาว** 하얗다, 백색의
타오 **เทา** 회색의	키-아우 **เขียว** 녹색, 초록	르-앙 **เหลือง** 노랗다
퐈- (faa) **ฟ้า** 하늘색	남따-ㄴ **น้ำตาล** 갈색	남응언 **น้ำเงิน** 파란색
촘푸- **ชมพู** 분홍색	무-앙 **ม่วง** 보라색	끄롬(마타-) **กรม(ท่า)** 남색

🔹 태국어의 색깔 표현은 **สี**씨- + (빛깔)을 조합하여 표현할 수 있어요.

สี씨- + (빛깔) + **อ่อน**어-ㄴ은 '옅은 ~색'을 의미하고,

สี씨- + (빛깔) + **เข้ม**켐은 '짙은 ~색'을 의미해요.

 단어 알아보기!

สี 씨- 색, 빛깔, 색깔 | **อ่อน** 어-ㄴ 약하다, 연약하다, (색이) 옅다 | **เข้ม** 켐 강하다, 강렬하다, (색이) 짙다, 농후하다

기호 ๆ (ไม้ยมก마이야목)의 사용

*기호 ๆ (ไม้ยมก마이야목)는 다음과 같이 3가지의 경우로 활용될 수 있어요.

---

1) 단수의 복수화

디찬 추-안 프안 프-안 빠이 낀 아-하-ㄴ 타이

ดิฉันชวนเพื่อนๆ ไปกินอาหารไทย

나는 친구들에게 태국 음식을 먹으러 가자고 권했어요.

2) 의미의 강조, 강화

콘 쑤아이 쑤-아이 콘 난 크- 너-ㅇ 싸-우 커-ㅇ 폼

คนสวย ๆ คนนั้นคือน้องสาวของผม

저 예쁜 사람이 내 여동생이다.

3) 의미의 약화

찬 처-ㅂ 씨- 댕대-ㅇ

ฉันชอบสีแดง ๆ

나는 붉으스름한 색을 좋아한다.

---

*기호 ๆ (ไม้ยมก마이야목)이 있을 때는 앞의 단어나 구를 2번 반복해서 읽도록 해요. 2번 읽을 때에는
뒤쪽 모음의 장단음과 성조를 더 강조해서 읽어야 자연스러워요.

---

1) 단수의 복수화

เด็ก 덱 어린이, 아이   **เด็ก ๆ** 덱덱 어린이들, 아이들

เพื่อน 프-안 친구   **เพื่อน ๆ** 프안프-안 친구들

단어뿐 아니라, 문장이나 구도 반복해서 읽을 때도 있어요.

วันหนึ่ง 완능 하루   **วันหนึ่ง ๆ** 완능완능 하루하루

แต่ละวัน 때-라완 매일   **แต่ละวัน ๆ** 때-라완때-라완 매일매일

ไฟไหม้ 퐈이 마이(fai mâi) 불이야!

ไฟไหม้ ๆ 퐈이 마이 퐈이 마이(fai mâi fai mâi) 불이야, 불이야!

2) 의미의 강조, 강화

สวย 쑤-아이 예쁜   สวย ๆ 쑤아이 쑤-아이 많이 예쁜

สูง 쑤-ㅇ 높은, 키가 큰   สูง ๆ 쑹쑤-ㅇ 많이 높은, 많이 큰

3) 의미의 약화

แดง 대-ㅇ 빨간   แดง ๆ 댕대-ㅇ 붉으스름한

บาง 바-ㅇ 얇다   บาง ๆ 빵바-ㅇ 얄브스름하다

หนา 나- 두껍다   หนา ๆ 나나- 두툼하다

● 기본적으로, 단어를 한 번 말하든, 혹은 기호 ๆ를 사용하여 두 번 말하든 문장 내에
서의 위치는 변하지 않아요.

다만, 아래와 같이 한 번 말할 때와 두 번 말할 때의 뜻이 서로 달라지는 경우에는
위치의 변화가 생길 수 있어요.

 ต่าง 따-ㅇ 다른   ต่าง ๆ 땅따-ㅇ 각종, 여러

ต่างประเทศ 따-ㅇ쁘라테-ㅅ 외국   ประเทศต่าง ๆ 쁘라테-ㅅ 땅따-ㅇ 각각의 나라들

● 기호 ๆ을 사용하지 않고 단어를 나열 하는 경우

① 성조가 달라질 때: 앞의 단어를 3성으로 발음하고, 뒤의 단어는 본래의 성조대
로 발음하여 아주 강한 강조의 의미를 나타낼 수 있어요. (이러한 표현은 주로
구어체, 일상생활에서 활용됩니다.)

แดง 대-ㅇ 빨간   แด๊งแดง 대-ㅇ 대-ㅇ 아주 빨간

สวย 쑤-아이 예쁜   ส๊วยสวย 쑤-아이 쑤-아이 아주 예쁜

② 두 번 읽는 것이 원래의 단어 형태일 때: 한 번만 읽는 단어와 두 번 발음하는 단어가 서로 뜻의 연관성이 없을 때는 두 번 읽는 것이 원래의 단어 형태라고 보고 기호 ๆ을 사용하지 않아요.

นานา 나-나- 여러 가지의, 다양하다　　*นา 나- (논)와 의미상 관련없음

จะจะ 짜짜 현명하다, 분명하다, 간격을 두다　　*จะ 짜 (~할 것이다)와 의미상 관련없음

2 의복의 명칭

🎧 MP3 24_09

폼 싸이 쓰̂-아 커- 끌롬 빠이 탐응아̂-ㄴ 다̂이 크랍

ผมใส่เสื้อคอกลมไปทำงานได้ครับ

저는 티셔츠를 입고 일하러 가도 됩니다.

웨̄-ㄹ라- 빠이 로̄-ㅇ 리̄-안 야̀- 싸이 까̄-ㅇ께̄-ㅇ 카̌- 싼̂

เวลาไปโรงเรียน
อย่าใส่กางเกงขาสั้น

학교에 갈 때는 반바지를 입지 말아라.

의복과 관련된 어휘를 알아봅시다.

🎧 MP3 24_10

เสื้อ 쓰̂-아 옷, 의복 / 윗옷   **ใส่** 싸이 입다

กางเกง 까̄-ㅇ께̄-ㅇ 바지   **กระโปรง** 끄라쁘로̄-ㅇ 치마

สั้น 싼̂ 짧다   **ยาว** 야̄-우 길다

เสื้อ 쓰̂-아

- **เสื้อเชิ้ต** 쓰̂-아 츠́ㅓ-ㅅ 셔츠, 와이셔츠
- **เสื้อนอก** 쓰̂-아 너̂-ㄱ 겉옷, 외투
- **เสื้อใน** 쓰̂-아 나이 내의, 속옷
- **เสื้อแขนสั้น** 쓰̂-아 캐̌-ㄴ 싼̂ 반팔 옷
- **เสื้อแขนยาว** 쓰̂-아 캐̌-ㄴ 야̄-우 긴팔 옷
- **เสื้อคอกลม** 쓰̂-아 커- 끌롬 T-셔츠(목이 동그랗게 파인 옷)
- **เสื้อคอวี** 쓰̂-아 커- 위- V넥 티셔츠

กางเกง 까̄-ㅇ께̄-ㅇ

- **กางเกงขาสั้น** 까̄-ㅇ께̄-ㅇ 카̌- 싼̂ 반바지
- **กางเกงขายาว** 까̄-ㅇ께̄-ㅇ 카̌- 야̄-우 긴바지

กระโปรง 끄라쁘로̄-ㅇ

- **กระโปรงสั้น** 끄라쁘로̄-ㅇ 싼̂ 짧은 치마
- **กระโปรงยาว** 끄라쁘로̄-ㅇ 야̄-우 긴 치마

연습대화

MP3
24_11

แม่ค้า
คาว มา- ดู- ก่อน- ได้ นะ คา
เข้ามาดูก่อนได้นะคะ
들어와서 보셔도 돼요

쿤 야-ㄱ 다이 뚜-아 나이 카
คุณอยากได้ตัวไหนคะ
당신은 어떤 옷을 원하시나요?

จีอิน
커- 두- 쓰-아 씨- 카-우 뚜-아 난 카
ขอดูเสื้อสีขาวตัวนั้นค่ะ
저 하얀색 옷을 보여주세요.

แม่ค้า
니- 카, 때- 쓰-아 씨- 촘푸- 뚜-아 니- 꺼 콩 머 깝 쿤 디- 나 카
นี่ค่ะ แต่เสื้อสีชมพูตัวนี้ก็คงเหมาะกับ
คุณดีนะคะ
여기요. 그런데 이 분홍색 옷도 당신과 아마 잘 어울릴 것 같은데요.

씨 니- 머 깝 콘 피우 카-우 카
สีนี้เหมาะกับคนผิวขาวค่ะ
이 색은 하얀 피부의 사람과 잘 어울려요.

จีอิน
라-카- 타오 라이 카
ราคาเท่าไรคะ
가격이 얼마인가요?

แม่ค้า

써-ㅇ 뚜-아 니- 라- 카- 타오 깐 카

สองตัวนี้ราคาเท่ากันค่ะ

이 옷 두 벌은 값이 같아요

뚜-아 라 써-ㅇ 러-이 바-ㅅ

ตัวละ 200 บาท

한 벌당 200바트예요

쿤 짜 쓰- 쓰-아 씨- 카-우 르- 씨- 촘푸- 카

คุณจะซื้อเสื้อสีขาวหรือสีชมพูคะ

당신은 하얀색 옷을 살 건가요, 분홍색 옷을 살 건가요?

디찬 짜 쓰- 탕 써-ㅇ 뚜-아 카

จีอิน

ดิฉันจะซื้อทั้งสองตัวค่ะ

저는 두 벌 다 살 거예요.

래 끄라쁘로-ㅇ 뚜-아 난 타오라이 카

และกระโปรงตัวนั้นเท่าไรคะ

그리고 저 치마는 얼마인가요?

끄라쁘로-ㅇ 뚜-아 니- 패-ㅇ 꽈- 쓰-아 닛 너-이

แม่ค้า

กระโปรงตัวนี้แพงกว่าเสื้อนิดหน่อย

치마는 윗옷보다 조금 비싸요

라-카- 써-ㅇ 러-이 하-씹 바-ㅅ 카

ราคา 250 บาทค่ะ

가격이 250바트예요.

미- 싸이 야이 꽈- 니- 마이 카
จีอิน **มีไซส์ใหญ่กว่านี้ไหมคะ**
이것보다 큰 사이즈 있나요?

커- 토-ㅅ 카, 뚜아 니- 싸이 야이 티- 쏫 카
แม่ค้า **ขอโทษค่ะ ตัวนี้ไซส์ใหญ่ที่สุดค่ะ**
죄송해요. 이 옷이 가장 큰 사이즈예요

 **단어 알아보기!**

แม่ค้า 매-카- 여자 상인 | **เหมาะ** 머 어울리다 | **คง** 콩 아마 | **ผิว** 피우 피부 | **นิดหน่อย** 닛너-이 약간, 조금 | **ไซส์** 싸이 사이즈

연습문제

다음의 한글 문장을 태국어로 작문해봅시다.

01 그녀는 나처럼 예쁘다.

_____

02 이 치마는 저 바지보다 비싸다.

_____

03 저 교실이 우리 학교에서 제일 넓다.

_____

04 키가 가장 큰 저 사람은 어느 나라 사람입니까?

_____

05 태국에는 한국 사람보다 얼굴이 하얀 사람도 있다.

_____

다음의 빈칸에 알맞은 태국어를 써봅시다.

01 เธอสวย _____ พี่สาวของเธอ

그녀는 그녀의 언니같이 예쁘다.

02 เสื้อตัวนี้กับเสื้อตัวนั้นราคา _____

이 옷과 저 옷은 가격이 서로 다르다.

03 ผมสามารถพูดทั้งภาษาไทย ภาษาจีน _____
ภาษาอังกฤษได้

나는 태국어, 중국어, 영어를 모두 말할 수 있다.

04 ดิฉันกินข้าว _____ แกง

나는 밥과 국을 먹는다. (함께의 의미)

05 ผมไปวันนี้ _____ เขาจะไปพรุ่งนี้ครับ

나는 오늘 가지만, 그는 내일 갈 것입니다.

06 ดิฉันดื่มกาแฟ _____ เขาก็ดื่มกาแฟเช่นกัน

나는 커피를 마시고, 그도 마찬가지로 커피를 마셔요.

07 ผมจะซื้อหนังสือ _____ จะยืมจากเขาครับ

나는 책을 사거나 그에게서 빌릴 것입니다.

태국의 재래시장

태국의 재래시장은 콘셉트가 다양하다. 흔히 재래시장 하면 떠오르는 골목길의
작은 노점들이 아닌 배를 타고 다니며 물건을 살 수 있는 수상시장, 기차 시간
이 되면 좌판 사이로 열차가 지나다니는 기찻길 시장, 대형 주말시장 등 물건을
사는 재미만큼이나 시장을 체험하는 재미가 쏠쏠하다.

제25강

개발도상국인 태국에는 아름다운 자연이 있다

ประเทศไทยซึ่งเป็นประเทศกำลังพัฒนา
มีธรรมชาติสวยงาม

핵심포인트

안은 문장 – 안긴 문장

🎧 MP3 25_01

낭쓰- 패-ㅇ 마-ㄱ

หนังสือแพงมาก

책은 너무 비싸다.

폼 쓰- 낭쓰- 므-아 와-ㄴ

ผมซื้อหนังสือเมื่อวาน

나는 책을 어제 책을 샀다.

낭쓰- 렘 티- 폼 쓰- 므-아 와-ㄴ 패-ㅇ 마-ㄱ

→ หนังสือ(เล่ม)ที่ผมซื้อเมื่อวาน แพงมาก

내가 어제 산 책은 너무 비싸다.

쁘라테-ㅅ 타이 미- 탐마차-ㅅ 쑤-아이 응아-ㅁ

ประเทศไทยมีธรรมชาติสวยงาม

태국은 아름다운 자연이 있다.

쁘라테-ㅅ 타이 뻰 쁘라테-ㅅ 깜랑 팟타나-

ประเทศไทยเป็นประเทศกำลังพัฒนา

태국은 개발도상국이다.

쁘라테-ㅅ 타이 씅 뻰 쁘라테-ㅅ 깜랑 팟타나- 미- 탐마차-ㅅ 쑤-아이 응아-ㅁ

→ ประเทศไทยซึ่งเป็นประเทศ กำลังพัฒนามีธรรมชาติสวยงาม

개발도상국인 태국에는 아름다운 자연이 있다.

콘 티- 마- 하- 쿤 티- 탐응아-ㄴ 크- 크라이

คนที่มาหาคุณที่ทำงานคือใคร

어제 직장에 당신을 찾아온 사람은 누구입니까?

파-싸- 타이 쏭 뻰 파- 싸- 쁘라짬 차-ㅅ 커-ㅇ 차-우 타이 미- 쁘라왓 야-우 나-ㄴ

ภาษาไทยซึ่งเป็นภาษาประจำชาติ
ของชาวไทยมีประวัติยาวนาน

태국인의 국어인
태국어는 오래된
역사를 가지고 있다.

- 안은 문장 – 안긴 문장은 어느 한 문장이 다른 한 문장의 구성 성분으로 있는 것을 말해요. 이처럼 하나의 문장 안에 다른 문장을 넣기 위해서는 **ที่**티- 나 **ซึ่ง**씅과 같은 관계대명사가 필요해요.

- **ที่**티- 나 **ซึ่ง**씅은 '~한, ~인'이라는 뜻을 가져요.

- **ที่**티-는 문어체와 구어체에서 모두 활용할 수 있어요. 반면, **ซึ่ง**씅은 주로 문어체나 공식적인 자리에서의 말하기에서 활용돼요.

 단어 알아보기!!

ธรรมชาติ 탐마차-ㅅ 자연, 천연 | **สวยงาม** 쑤-아이 응아-ㅁ 아름답다 | **พัฒนา** 팟타나- 발전하다, 발달하다, 개발하다 | **ประจำชาติ** 쁘라짬차-ㅅ 국가의, 국가적인 | **ประวัติ** 쁘라왓 역사, 이력 | **ยาวนาน** 야-우 나-ㄴ 오래되다, 유장하다

ที่ที-의 활용

① 기수를 서수로 만들 때 사용해요.

หนึ่ง능 → ที่หนึ่งติ-능

สอง써-ㅇ → ที่สองติ-써-ㅇ

สาม싸-ㅁ → ที่สามติ-싸-ㅁ

② 장소의 전치사로 사용해요.

카오 크ㅓ-이 유̀- 나이 쁘라테̂-ㅅ 까올리-

เขาเคยอยู่ในประเทศเกาหลี (ใน나이 [전치사] ~안에)

카오 크ㅓ-이 유̀- 티̂- 쁘라테̂-ㅅ 까올리-

= เขา เคยอยู่ที่ประเทศเกาหลี

그는 한국에 있었던 적이 있다. (ที่티- [전치사] ~에, 에서)

③ 수식할 단어, 구, 절, 문장 등을 이어줄 때 관계대명사로 사용해요.

낭쓰̌- 렘 티- 폼 쓰́- 므̂아 와-ㄴ 패-ㅇ 마̂ㄱ

หนังสือเล่มที่ผมซื้อเมื่อวานแพงมาก

내가 어제 산 책은 너무 비싸다.

콘 티̂- 펌퍼-ㅁ 쑹쑤-ㅇ 난 크-너-ㅇ 싸̌-우 커̌-ㅇ 폼

คนที่ผอม ๆ สูง ๆ นั้นคือน้องสาวของผม

저 마르고 키가 큰 사람은 제 여동생입니다.

비대등 접속 문장

1 ว่า와- : [수식사] ~같이, ~라고

🎧 **MP3** 25_02

> 폼 버-ㄱ 카오 와- 파-싸- 타이 마이 야-ㄱ
>
> **ผมบอกเขาว่า ภาษาไทยไม่ยาก**
>
> 나는 그에게 태국어는 어렵지 않다고 말했다.
>
> 디찬 헨 와- 아-하-ㄴ 타이 아러-이 티-쑷 나이 로-ㄱ
>
> **ดิฉันเห็นว่า อาหารไทยอร่อยที่สุดในโลก**
>
> 나는 태국 음식이 세상에서 가장 맛있다고 봅니다:
>
> 니- 파-싸- 타이 리-악 와- 아라이
>
> **นี่ภาษาไทยเรียกว่าอะไร**
>
> 이것은 태국어로 뭐라고 부릅니까?

- **ว่า**와-는 '~같이, ~라고'라는 뜻을 가진 수식사예요. 첫번째 절의 뒤에 위치해요.

- 주어 + 동사 + (목적어) + **ว่า**와-의 형태로 표현해요.

- **คิดว่า**킷와- / **เห็น**헨와-는 모두 '~라고 생각하다'라는 뜻이에요. 한국어에서도 '~(이)라고 보다'라는 것이 생각이나 의견을 표현할 때 쓰이는 것과 마찬가지예요.

단어 알아보기!

คิด 킷 생각하다 | **เห็น** 헨 보다, 보이다 | **เรียก** 리-악 부르다, 요구하다

 จน_쫀 : [관계부사] ~할 정도로, ~에 이를 때까지 🎧 **MP3** 25_03

> 카오 캅 롯 레우 마-ㄱ 쫀 디찬 루-쓱 끌루-아
>
> # เขาขับรถเร็วมาก <u>จนดิฉันรู้สึกกลัว</u>
>
> 카오 파야야-ㅁ 쫀 쌈렛
>
> # เขาพยายาม<u>จนสำเร็จ</u>
>
> 덱 땅짜이 아-ㄴ 낭쓰- 쫀 써-ㅂ 다이 티- 능
>
> # เด็กตั้งใจอ่านหนังสือ<u>จนสอบได้</u>
ที่หนึ่ง

그는 내가 무서움을 느낄 정도로 매우 빨리 차를 몰았다.

그는 성공할 때까지 노력했다.

아이는 시험에서 1등을 할 정도로 열심히 공부했다.

- **จน_쫀**은 '~할 정도로, ~에 이를 때까지'라는 뜻을 나타내는 관계부사예요. 두 번째 절 앞에 위치해요.

- {주어 + 동사/형용사 + (목적어)} + {**จน_쫀** + (주어) + 동사/형용사 + (목적어)}의 형태로 표현해요.

- 앞 절과 뒷 절의 주어는 같을 수도 있고, 다를 수도 있어요. 만약 뒷 절의 주어가 앞 절의 주어와 같다면 생략할 수도 있어요.

 단어 알아보기!

หนัก 낙 무겁다 / 심하다, 고되다 | **รู้สึก** 루-쓱 느끼다, 감각이 들다 | **ขับ** 캅 차를 몰다, 운전하다 | **กลัว** 끌루-아 무서워하다, 두려워하다, 염려되다 | **พยายาม** 파야야-ㅁ 노력하다, 최선을 다하다 | **สำเร็จ** 쌈렛 성 공하다, 성사(성취)하다 | **ตั้งใจ** 땅짜이 열심히 하다

3 ตาม(ที่)따-ㅁ(티-) : [전치사] ~대로, ~처럼

🎧 MP3 25_04

매- 크루-아 쁘룽 아-하-ㄴ 따-ㅁ (티-) 루-ㄱ 카- 쌍

แม่ครัวปรุงอาหาร<u>ตาม(ที่)</u> ลูกค้าสั่ง

요리사가 손님이 주문한 대로 음식을 조리한다.

카오 탐 툭 야-ㅇ 따-ㅁ (티-) 짜이 처-ㅂ

เขาทำทุกอย่าง<u>ตาม(ที่)</u>ใจชอบ

그는 모든 것을 마음 내키는 대로 한다.

완니- 카오 꺼- 콩 마- 싸-이 따-ㅁ (티-) 크ㅓ-이

วันนี้เขาก็คงมาสาย<u>ตาม(ที่)</u>เคย

오늘도 그는 아마 늘 그랬듯이 늦게 올 거예요.

- **ตาม(ที่)**따-ㅁ (티-)는 '~대로, ~따라, ~처럼'이라는 뜻을 나타내는 관계부사예요. 두 번째 절 앞에 위치해요.

- {주어 + 동사/형용사 + (목적어)} + {**ตาม(ที่)**따-ㅁ (티-) + (주어) + 동사/형용사 + (목적어)}의 형태로 표현해요.

- 앞 절과 뒷 절의 주어는 같을 수도 있고, 다를 수도 있어요. 만약 뒷 절의 주어가 앞 절의 주어와 같다면 생략할 수도 있어요.

 단어 알아보기!

สั่ง 쌍 명령하다, 지시하다, 주문하다 | **ปรุง** 쁘룽 조리하다, 맛을 내다 | **ลูกค้า** 루-ㄱ카- 손님, 고객 | **คง** 콩 아마

 ① ถ้า타̂- / หาก하̀-ㄱ : [접속사] 만약, 만일, ~이라면(하면)

🎧 **MP3** 25_05

타̂- 폼 루̌-아이, 폼 짜̀쓰̂- 아-카-ㄴ 랑 야이

ถ้าผมรวย ผมจะซื้ออาคารหลังใหญ่

만약 내가 부자라면, 큰 건물을 살 것이다.

타̂- 디찬 빠이 쁘라테̂-ㅅ 타이 크랑 니̂- 디찬 짜 낀 아-하̌-ㄴ 타이 툭 완 툭 완

ถ้าดิฉันไปประเทศไทยครั้งนี้
ดิฉันจะกินอาหารไทยทุกวันๆ

만약 내가 이번에 태국에 가면, 나는 매일 매일 태국 음식을 먹을 것이다.

타̂- 카̌오 마̂이 마-떠-ㄴ 니̂- 카̌오 짜 큰 크르̂-앙 빈 마̂이 탄 야̀-ㅇ 내̂- 너-ㄴ

ถ้าเขาไม่มาตอนนี้
เขาจะขึ้นเครื่องบินไม่ทันอย่างแน่นอน

만약 그가 지금 오지 않는다면, 그는 분명히 비행기를 제시간에 타지 못할 것이다.

티̂-니̂- 하̂-ㅁ 쑤̀-ㅂ 부리̀-, 하̀-ㄱ 퐈̀- 프-ㄴ, 땀루-앗 짜 리̂-악 쁘랍 써̌-ㅇ 판 바̀-ㅅ

ที่นี่ห้ามสูบบุหรี่ หากฝ่าฝืน ตำรวจจะเรียกปรับ
2,000 บาท

이곳은 금연이다. 만약 어긴다면, 경찰이 2000바트의 벌금을 요구할 것이다.

하-ㄱ 쿤 마이 싸-마-ㅅ 토- 어-ㄱ 다이, 까루나- 삣 래 쁘ㅓ-ㅅ 크르-앙 마이 이-ㄱ 크랑

หากคุณไม่สามารถโทรออกได้
กรุณาปิดและเปิดเครื่องใหม่อีกครั้ง

만약 당신이 전화를 걸 수 없다면, 전화기를 다시 한번 껐다가 켜주십시오.

타- 하-ㄱ 폰(fon) 마이 똑, 옌니- 라오 짜 빠이 두- 낭 두-아이 깐

ถ้าหากฝนไม่ตก เย็นนี้เราจะไปดูหนังด้วยกัน

만약 비가 오지 않는다면, 오늘 저녁에 우리는 영화를 보러 갈 것이다.

- **ถ้า**타- 와 **หาก**하-ㄱ은 '만약, 만일, ~이라면(하면)'라는 뜻의 접속사예요. 첫 번째 절 앞에 위치해요.

- {**ถ้า**타- / **หาก**하-ㄱ + (주어) + 동사/형용사 + (목적어)} + {(주어) + (**จะ**짜) + 동사/형용사+ (목적어)}의 형태로 표현해요.

- **ถ้า**타- 와 **หาก**하-ㄱ은 각각 쓸 수도 있고 **ถ้าหาก**타- 하-ㄱ으로 함께 쓸 수도 있어요.

- **ถ้า**타- 와 **หาก**하-ㄱ을 활용한 가정은 긍정문, 부정문 모두 가능해요.

  ถ้า 타- : 만약, 만일, 만약 ~이라면(하면)
  หาก 하-ㄱ : 만약, 만일, 만약 ~이라면(하면)

- **ถ้า**타- 와 **หาก**하-ㄱ은 의미상 차이가 없어요. 다만, **ถ้า**타-는 구어 혹은 반구어이고, **หาก**하-ㄱ은 문어체, 격식체예요. 그러므로 상황에 맞게 선택해서 사용하면 돼요.

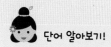 단어 알아보기!

รวย 루-아이 부유하다, 재산이 많다 | **อาคาร** 아-카-ㄴ 건축물, 빌딩 | **ครั้ง** 크랑 회, 번 | **ทัน** 탄 시간에 대다, 따라잡다(붙다) | **อย่างแน่นอน** 야-ㅇ 내-너-ㄴ 확실히, 분명히 | **ปรับ** 쁘랍 벌금을 과하다 | **ปิด** 삣 닫다, 끄다 | **เปิด** 쁘ㅓ-ㅅ 열다, 켜다 | **เครื่อง** 크르-앙 기기, 기계 | **ฝน** 폰(fon) 비 | **ตก** 똑 떨어지다

🎧 MP3 25_06

 PLUS

태국의 날씨과 계절 표현

날씨		
อากาศ 아-까-ㅅ 날씨, 기후 / 대기, 공중		
อากาศดี 아-까-ㅅ 디- 날씨가 좋다	**แจ่มใส** 쨈 싸이 밝다, 맑다, 청량하다	
	เย็นสบาย 옌 싸바-이 시원하다, 선선하다	
อากาศไม่ดี 아-까-ㅅ 마이 디- 날씨가 좋지 않다	**ฝนตก** 폰(fon) 똑 비가 오다	
	มีเมฆ 미- 메-ㄱ 구름이 끼다	
	ร้อนอบอ้าว 러-ㄴ 옵 아-우 푹푹 찌다	

계절	
ฤดูร้อน 르두- 러-ㄴ 여름: 3월~5월	
ฤดูฝน 르두-폰(fon) 우기: 6월~10월	
ฤดูหนาว 르두- 나-우 겨울: 11월~2월	
ฤดูใบไม้ผลิ 르두- 바이 마이 플리 봄	
ฤดูใบไม้ร่วง 르두- 바이 마이 루-앙 가을	

연습대화

สมชาย

완니- 아-까-ㅅ 옌 싸바-이 디- 짱

วันนี้อากาศเย็นสบายดีจัง

오늘 날씨가 선선하고 매우 좋네요.

타- 완니- 폰 마이 똑, 옌니- 라오 빠이 타-ㄴ 카-우 두-아이 깐 마이 크랍

ถ้าวันนี้ฝนไม่ตก
เย็นนี้เราไปทานข้าวด้วยกันไหมครับ

만약 오늘 비가 안 오면, 오늘 저녁에 우리 같이 저녁을 먹으러 갈까요?

쿤 처-ㅂ 타-ㄴ 아라이 크랍

คุณชอบทานอะไรครับ

당신은 무엇을 좋아하나요?

จีอิน

타- 뻰 아-하-ㄴ 타이, 디찬 타-ㄴ 다이 못 카

ถ้าเป็นอาหารไทย ดิฉันทานได้หมดค่ะ

태국 음식이라면 저는 다 먹을 수 있어요.

디찬 킷 와- 아-하-ㄴ 타이 아러-이 티- 쑷 나이 로-ㄱ

ดิฉันคิดว่า อาหารไทยอร่อยที่สุดในโลก

저는 태국 음식이 세상에서 제일 맛있다고 생각해요

สมชาย

쿤 콩 처-ㅂ 쁘라테-ㅅ 타이 마-ㄱ 씨 크랍

คุณคงชอบประเทศไทยมากสิครับ

당신은 아마도 태국을 많이 좋아하는 것 같군요!

폼 헨 와- 쿤 푸-ㅅ 파-싸- 타이 껭 두-아이

สมชาย ผมเห็นว่า คุณพูดภาษาไทยเก่งด้วย

제 생각에 당신은 태국어도 잘 하는 것 같은데요.

커-ㅂ 쿤 티- 촘 카

จีอิน ขอบคุณที่ชมค่ะ

칭찬해줘서 고마워요.

디찬 킷 와- 파-싸- 타이 티- 뻰 파-싸- 쁘라짬 차-ㅅ 커-ㅇ 타이

ดิฉันคิดว่า ภาษาไทยที่เป็น

ภาษาประจำชาติของไทย

미- 쁘라왓 야-우 나-ㄴ 래 미 콰-ㅁ 쌈칸 마-ㄱ

มีประวัติยาวนานและมีความสำคัญมาก

저는 태국의 국어인 태국어는 역사도 길고, 매우 중요하다고 생각했어요.

디찬 쯩 파야-야-ㅁ 쫀 푸-ㅅ 다이 카

ดิฉันจึงพยายามจนพูดได้ค่ะ

그래서 저는 말할 수 있을 때까지 노력했지요.

쁘라테-ㅅ 타이 뻰 쁘라테-ㅅ 깜랑 팟타나- 때- 꺼- 미- 탐마차-ㅅ 쑤-아이 응아-ㅁ

สมชาย ประเทศไทยเป็นประเทศกำลังพัฒนา

แต่ก็มีธรรมชาติสวยงาม

태국은 개발 도상국이지만, 아름다운 자연이 있지요.

สมชาย 아오 라 타– 야ˋ–ㅇ 난, 라오 추–안 쿤 민쑤– 깝 쿤 티다–랏 빠이 두–아이 디– 마이 크랍

เอาล่ะ ถ้าอย่างนั้น เราชวนคุณมินซูกับคุณธิดารัตน์ไปด้วยดีไหมครับ

자, 그러면 우리 민수 씨랑 티다랏 씨도 같이 가자고 할까요?

จีอิน 디–카ˋ, 때– 쿤 민쑤– 콩 마– 싸ˇ–이 따–ㅁ 크ㅓ–이

ดีค่ะ แต่คุณมินซูคงมาสายตามเคย

좋아요, 그런데 민수 씨는 아마도 늘 그랬듯이 늦게 올 거예요.

 **단어 알아보기!**

จัง 짱 굉장히, 매우 | **ทาน** 타–ㄴ 먹다, 드시다 | **หมด** 못 전부, 모두 | **เช่น** 첸 ~와 같이 / 예를 들면 |
สำคัญ 쌈칸 중요하다, 중대하다 | **เอาล่ะ** 아오 라ˋ 자, 그럼 | **ถ้าอย่างนั้น** 타–ˋ 야ˋ–ㅇ 난 그러면

연습문제

🛺 다음의 한글 문장을 태국어로 작문해봅시다.

01 – เขาพยายาม
  – เขาสำเร็จในที่สุด **(ในที่สุด** : 마침내, 결국)

  ➜ _____

02 – คุณแม่ให้เงินมา
  – เงินมีจำนวนมาก

  ➜ _____

03 – มีคนมาหาคุณเมื่อวาน
  – คนนั้นคือใคร

  ➜ _____

04 – เด็กตั้งใจอ่านหนังสือ
  – เด็กสอบได้ที่หนึ่ง

  ➜ _____

05 – ดิฉันคิด
  – ประเทศไทยมีธรรมชาติสวยงาม

  ➜ _____

다음의 주어진 한국어를 태국어로 작문해봅시다.

01 이것은 태국어로 뭐라고 부릅니까?

_____

02 그는 모든 것을 마음 내키는 대로 한다.

_____

03 그는 상사가 말하는 대로 일을 지시했다.

_____

04 선생님은 아플 정도로 고되게 일했다.

_____

05 만약 내가 부자라면, 큰 건물을 살 것이다.

_____

06 만약 그가 지금 오지 않는다면, 그는 분명히 비행기를 제시간에 타지 못할 것이다.

_____

07 만약 내가 부자라면, 큰 건물을 살 것이다.

_____

태국의 음식

태국에서는 길거리 음식부터 왕궁요리까지 가격과 종류에 상관 없이 다양한 요리를 맛볼 수 있다. 강렬한 향신료를 많이 쓰는 태국 요리는 처음에는 거부감을 갖기 쉬워도 한번 맛을 들이면 쉽게 벗어나기 어려운 매력이 있다. 쌀국수, 똠양꿍, 푸팟퐁커리, 쏨땀, 팟타이 등은 태국 요리를 처음 접하는 사람들에게도 인기가 좋다.

제26강

저는 비록 고수풀을 먹지 않지만, 모든 태국 음식을 좋아해요

แม้ว่าผมไม่กินผักชี แต่ก็ชอบอาหารไทยทุกอย่าง

학습목표

- **(ถึง)แม้ว่า**(틍) 매- 와- / **ไม่ว่า**마이 와-를 사용한 양보의 가정 표현을 나타낼 수 있다.
- **มิฉะนั้น**미차난을 사용한 부정의 가정 표현을 나타낼 수 있다.
- **ไม่ค่อย**마이 커-이 / **ค่อนข้าง**컨카̂-ㅇ / **มักจะ**막짜를 사용해 빈도나 정도를 나타낼 수 있다.

핵심단어

- **(ถึง)แม้(ว่า)** (틍) 매- (와-)
  비록 ~일지라도, ~조차

- **ไม่ว่า** 마이 와- ~구분이 없이,
  ~을 막론하고

- **มิฉะนั้น** 미차난 그렇지 않으면

- **ไม่ค่อย** 마이 커̂-이 그다지 ~하지 않다

- **ค่อนข้าง** 커̂-ㄴ카̂-ㅇ 비교적 ~하다,
  상당히 ~하다

- **มักจะ** 막짜 곧잘, 종종, ~하곤 하다

핵심포인트

> **양보의 가정 표현**

1 **(ถึง)แม้(ว่า)**(틍)매-(와-) : [접속사] 비록 ~일지라도, ~더라도

🎧 **MP3** 26_01

(틍)매-(와-) 폼 마이 낀 팍치-, 때- 꺼- 처-ㅂ 아-하-ㄴ 타이 툭 야-ㅇ

(ถึง)แม้(ว่า)ผมไม่กินผักชี
แต่ก็ชอบอาหารไทยทุกอย่าง

저는 비록 고수풀은 먹지 않지만, 모든 태국 음식을 좋아해요.

(틍)매-(와-) 디찬 처-ㅂ 매-우, 때- 디찬 리-앙 매-우 마이 다이, 프러 패- 콘 쌋

(ถึง)แม้(ว่า)ดิฉันชอบแมว
แต่ดิฉันเลี้ยงแมวไม่ได้ เพราะแพ้ขนสัตว์

나는 비록 고양이를 좋아하지만, 동물 털 알레르기 때문에 고양이를 기르지 못해요.

● **(ถึง)แม้(ว่า)**(틍)매-(와-)는 '비록 ~일지라도, ~더라도'라는 뜻을 가진 접속사예요. 첫 번째 절 앞에 위치해요.

● {**(ถึง)แม้(ว่า)**(틍)매-(와-) + 주어[1] + 동사/형용사 + (목적어)} + {**แต่**때- + (주어[2]) + 동사/형용사 + (목적어)}의 형태로 표현해요. '비록 주어[1]이 ~하더라도, 주어[2]는 ~하다'라는 뜻이에요.

● 이때 주어[1]과 주어[2]는 같을 수도 있고 다를 수도 있어요. 만약, 주어[1]과 주어[2]가 같다면, 뒤에 오는 주어[2]는 생략할 수 있어요.

แม้^매- / แม้ว่า^{매-와}- / ถึงแม้^{틍매}- / ถึงแม้ว่า^{틍매-와}- 모두 같은 뜻이에요. '비록 ~일지라도, ~더라도'라는 뜻을 가져요. 모두 첫 번째 절 앞에 위치해요.

 단어 알아보기!

ผักชี ^{팍치}- 고수 풀 | เลี้ยง ^{리-양} 양육하다, 기르다 / 대접하다, 한턱내다 | แพ้ ^패- 알레르기 증세를 일으키
다, 과민반응을 보이다 | ขน ^콘 털 | สัตว์ ^쌋 동물, 가축

2 ไม่ว่า 마이 와- : [접속사] ~구분이 없이, ~을 막론하고

🎧 **MP3** 26_02

마이 와- 쿤 짜 쌍 메-누- 나이, 폼 낀 다이 못

ไม่ว่าคุณจะสั่งเมนูไหน ผมกินได้หมด

당신이 어떤 메뉴를 시키든지, 나는 다 먹을 수 있어요.

마이 와- 쁘라테-ㅅ 나이, 꺼- 미- 탕 콘 디- 래 콘 마이 디-

ไม่ว่าประเทศไหน ก็มีทั้งคนดีและคนไม่ดี

어느 나라든지 좋은 사람과 나쁜 사람 모두 있다.

- **ไม่ว่า** 마이 와-는 '~구분이 없이, ~을 막론하고'라는 뜻을 가진 접속사예요. 첫 번째 절 앞에 위치해요.

- {**ไม่ว่า** 마이 와- + 주어¹ + 동사/형용사 + (목적어)} + {(주어²) + (**ก็**) + 동사/형용사 + (목적어)}의 형태로 표현해요. '주어¹이 ~이든지, 주어²는 ~이다'라는 뜻을 나타냅니다.

- 즉, '주어¹이 ~을 하든 구분없이' 혹은 '주어¹이 ~을 하든지를 막론하고'라는 뜻이에요. 주어²는 생략될 수 있어요.

 단어 알아보기!

เมนู 메-누- 메뉴

부정의 가정

🪷 **มิฉะนั้น**^{미차난} : [접속사] 그렇지 않으면   🎧 MP3 26_03

> 꺼-ㄴ 너-ㄴ 야- 르-ㅁ 삣 나-따-ㅇ, 미차난 쿤 아-ㅅ 뻰 왓 다이
>
> ## ก่อนนอนอย่าลืมปิดหน้าต่าง
> ## มิฉะนั้นคุณอาจเป็นหวัดได้
>
> 잠들기 전 창문 닫는 것을 잊지 마세요. 그렇지 않으면 당신은 아마 감기에 걸릴 수도 있어요.
>
> 쿤 떠-ㅇ 낀 야- 뻰 웨-ㄹ라 따-ㅁ 머- 쌍, 미차난 짜 마이 하-이 디-큰
>
> ## คุณต้องกินยาเป็นเวลาตามหมอสั่ง
> ## มิฉะนั้นจะไม่หายดีขึ้น
>
> 당신은 의사가 시킨 대로 제시간에 약을 먹어야 합니다. 그렇지 않으면 낫지 않을 거예요.

● **มิฉะนั้น**^{미차난}은 '~지 않으면'이라는 의미의 접속사로 두 번째 절 앞에 위치해요.

● {주어¹ + 동사/형용사 + (목적어)} + **มิฉะนั้น**^{미차난} + 주어² + 동사/형용사 + (목적어)}의 형태로 표현해요. '주어¹이 ~해야한다, 그렇지 않으면 주어 주어²가 ~수 있다'라는 뜻으로 쓰여요.

 단어 알아보기!

หน้าต่าง 나-따-ㅇ 창문 | **อาจ** 아-ㅅ 아마도 | **เป็นเวลา** 뻰 웨-ㄹ라- 제 시간에, 시간을 어기지 않고

빈도, 정도의 표현

 ไม่ค่อย마이 커^-이 : [부사] 그다지, 별로 ~하지 않다 🎧 MP3 26_04

추^-앙 니- 폼 마이 커^-이 낀 카^-우 너^-ㄱ 바^-ㄴ

ช่วงนี้ผมไม่ค่อยกินข้าวนอกบ้าน

요즘 나는 그다지 외식을 하지 않았다.

디찬 마이 커^-이 처^-ㅂ 아-하^-ㄴ 탈레- 타오라이 낙

ดิฉันไม่ค่อยชอบอาหารทะเลเท่าไรนัก

나는 해산물을 그다지 좋아하지 않는다.

- **ไม่ค่อย**마이 커^-이는 '그다지, 별로 ~하지 않다'라는 의미의 부사예요. 동사나 형용사 앞에 위치해요.

- **ไม่ค่อย**마이 커^-이는 주어 + **ไม่ค่อย**마이 커^-이 + 동사/형용사 + (목적어)의 형태로 표현해요. '주어가 그다지, 별로 ~하지 않다'라는 의미를 나타내죠.

- **ไม่ค่อย**마이 커^-이 ~ **เท่าไร(นัก)**타오라이 (낙)의 형태로 함께 쓰일 수 있어요.

 단어 알아보기!

ช่วงนี้ 추^-앙 니- 요즘 | **เท่าไรนัก** 타오라이 낙 그다지, 별로

② **ค่อนข้าง**컨카̂-ㅇ : [수식사] 비교적 ~하다, 상당히 ~하다

🎧 **MP3** 26_05

터̅- 어̂-ㄱ 씨̌-앙 파̅-싸̌- 타이 컨카̂-ㅇ 찻

เธอออกเสียงภาษาไทยค่อนข้างชัด

그녀는 태국어를 비교적 정확하게 발음한다.

폼 유̀- 나이 쁘라테̂-ㅅ 타이 컨카̂-ㅇ 나̅-ㄴ 래̅-우

ผมอยู่ในประเทศไทยค่อนข้างนานแล้ว

저는 태국에 비교적 오래 있었습니다.

● **ค่อนข้าง**컨카̂-ㅇ은 '비교적 ~하다, 상당히 ~하다'라는 뜻의 수식사예요. 형용사나 상태, 성질, 감정을 나타내는 동사 앞에 위치해요.

● 주어 + **ค่อนข้าง**컨카̂-ㅇ + 형용사/상태, 성질, 감정을 나타내는 동사 + (목적어) 또는 주어 + 동작을 나타내는 동사 + (목적어) + **ค่อนข้าง**컨카̂-ㅇ + 형용사/상태, 성질, 감정을 나타내는 동사의 형태로 표현해요. '주어가 비교적 ~하다, 상당히 ~하다'라는 뜻을 나타내요.

 단어 알아보기!

นาน 나̅-ㄴ 오래다, (시간이) 길다 | **ชัด** 찻 분명하다, 확실하다 (발음이) 정확하다

③ มัก(จะ)^{막(짜)} : [수식사] 곧잘, 종종, ~하곤 하다 🎧 MP3 26_06

อา-하ˇ-ㄴ 타이 쑤안 야ˋ이 막짜 미-롯 짯

อาหารไทยส่วนใหญ่มักจะมีรสจัด

태국 음식은 대부분 맛이 강하곤 하다. (맛이 강하다)

콘 티- 탐응아-ㄴ 나이 쁘라테-ㅅ 타이 막짜 차이 파-싸ˇ- 타이뻰

คนที่ทำงานในประเทศไทยมักจะใช้ภาษาไทยเป็น

태국에서 일하는 사람은 태국어를 쓰곤 한다.

- **มัก(จะ)**^{막(짜)}는 '곧잘, 종종 ~하곤 하다'라는 의미의 수식사예요. 동사나 형용사 앞에 위치해요.

- 주어 + **มัก(จะ)**^{막(짜)} + 동사/형용사 + (목적어)로 표현해요. '주어가 곧잘, 종종~ 하곤 하다'라는 뜻을 나타내요.

 단어 알아보기!

ส่วนใหญ่ ^{쑤안 야ˋ이} 대부분, 대다수 | **จัด** ^짯 강렬하다, 진하다

요리와 관련된 표현

맛
รส(ชาติ) 롯 (차-ㅅ) 맛
เผ็ด 펫 맵다
เค็ม 켐 짜다
หวาน 와ㅡㄴ 달다
เปรี้ยว 쁘리-아우 시다
ขม 콤 쓰다
จืด 쯔-ㅅ 싱겁다

재료
(เนื้อ)ไก่ (느-아) 까이 닭고기
(เนื้อ)หมู (느-아) 무ˇ 돼지고기
เนื้อ(วัว) 느-아 (우-아) 소고기*
ปลา 쁠라- 생선
กุ้ง 꿍 새우
ปู 뿌- 게
ผัก 팍 야채

* 닭고기와 돼지고기는 '살, 고기'를 의미하는 **เนื้อ**느-아를 생략하는 반면, 소고기는 '소'를 의미하는 **วัว**우-아를 생략해서 말해요.

조리 방법
ต้ม 똠 끓이다, 익히다
นึ่ง 능 찌다
ผัด 팟 볶다
ทอด 터-ㅅ 튀기다
ปิ้ง 삥 굽다
ย่าง 야-ㅇ 불에 쬐어 굽다, 로스트(roast)하다, 바베큐하다
ยำ 얌 뒤섞다, 혼합하다, 무치다

연습대화

MP3
26_08

짜 쌍 아라이 디- 크랍, 쿤 민쑤- 처-ㅂ 타-ㄴ 아라이 크랍

สมชาย จะสั่งอะไรดีครับ

คุณมินซูชอบทานอะไรครับ

무엇을 시키면 좋을까요? 민수 씨는 어떤 걸 드시길 좋아합니까?

매-와- 폼 마이 낀 팍치-, 때 폼 처-ㅂ 아-하-ㄴ 타이 툭 야-ㅇ

มินซู แม้ว่าผมไม่กินผักชี

แต่ผมชอบอาหารไทยทุกอย่าง

저는 비록 고수풀은 먹지 않지만, 모든 태국 음식을 좋아해요.

마이 와- 쿤 짜 쌍 메-누- 나이, 꺼- 타-ㄴ 다이 못 크랍

ไม่ว่าคุณจะสั่งเมนูไหน

ก็ทานได้หมดครับ

당신이 어떤 메뉴를 시키든지, (나는) 다 먹을 수 있어요.

쿤 타-ㄴ 펫 다이 마이 카

ธิดารัตน์ คุณทานเผ็ดได้ไหมคะ

매운 것 드실 수 있나요?

아-하-ㄴ 타이 막짜 미- 롯 짯

อาหารไทยมักจะมีรสจัด

태국 음식은 맛이 강하곤 한데요.

콘 까올리- 쑤안 야이 꺼- 타-ㄴ 펫 다이 카

จีอิน คนเกาหลีส่วนใหญ่ก็ทานเผ็ดได้ค่ะ

대부분의 한국 사람은 매운 걸 먹을 수 있어요.

สมชาย
ถ้า`-ยา่-◌ นั่น, พ้อม จะ ้ซั่ง ้ซอม้ตำ, ไก่-ยา่-◌, ้ตอม-ยำ้ กุ้ง, ้แล ้ปลา- ้นึ่ง-้ มะนา-ว ้ คร่าบ

ถ้าอย่างนั้นผมจะสั่งส้มตำ ไก่ย่าง ต้มยำกุ้ง และปลานึ่งมะนาวครับ

그러면 저는 쏨땀, 닭구이, 똠얌꿍, 그리고 생선 라임 찜을 시킬게요.

ธิดารัตน์
ขอ`-ซั่ง ้ผัด ้ผัก รูม-้อัม ้ผิ่ม ดู่-้อาอิ ้คะ

ขอสั่งผัดผักรวมเพิ่มด้วยค่ะ

모듬 야채 볶음도 추가해서 시킬게요.

รา-โอ ้ต่อ-◌ ้กิน ้ปัก, ้มิ้ฉานั่น ร่า-◌ ้คา-อิ ้ซา ้ มาอิ ้แคง-รา-◌

เราต้องกินผัก มิฉะนั้นร่างกายจะไม่แข็งแรง

우리는 이것보다 채소를 많이 먹어야 합니다. 그렇지 않으면 몸이 건강하지 않게 될 거예요.

จีอิน
ดี-้คะ, ชู่-้อัง ้นี่- ้ดิฉัน ้มาอิ ้ค่อ-อิ ้กิน ้คา-้อุ ้เนอ่-ก ้บา-น, ้ยา-◌-ก ้กิน ราอิ รา่-้อิ ยา่-◌

ดีค่ะ ช่วงนี้ดิฉันไม่ค่อยกินข้าวนอกบ้าน อยากกินหลาย ๆ อย่าง

좋아요. 요즘 나는 그다지 외식을 하지 않아서 여러 가지를 먹고 싶어요.

้แล่-้อุ ้ซั่ง ้ครื่-้อัง ดื่-ม ้อาราอิ ดี-้คะ

แล้วสั่งเครื่องดื่มอะไรดีคะ

그러면 음료는 무엇을 시키는 게 좋을까요?

มินซู
드-ㅁ 비-아 깐 마이 크랍, 완니- 폼 짜 리-앙 에-ㅇ
ดื่มเบียร์กันไหมครับ วันนี้ผมจะเลี้ยงเอง
맥주 드시겠어요? 오늘은 제가 낼게요

ธิดารัตน์
커- 토-ㅅ 카, 디찬 드-ㅁ 비-아 마이 다이
ขอโทษค่ะ ดิฉันดื่มเบียร์ไม่ได้
죄송해요, 저는 맥주를 마실 수 없어요

디찬 패- 앨꺼허- 카
ดิฉันแพ้แอลกอฮอล์ค่ะ
저는 알코올 알레르기가 있어요.

 **단어 알아보기!**

มะนาว 마나-우 라임 | **รวม** 루-암 합하다, 함께 모으다 | **เพิ่ม** 픔 첨가하다, 덧붙이다 | **เบียร์** 비-아 맥주
| **แอลกอฮอล์** 앨꺼-허- 알코올

연습문제

다음의 한글 문장을 태국어로 작문해봅시다.

01 오늘은 제가 낼게요.

_____

02 어느 나라든지 좋은 사람과 나쁜 사람 모두 있다.

_____

03 나는 해산물을 그다지 좋아하지 않는다.

_____

04 그녀는 태국어를 비교적 정확하게 발음한다.

_____

05 태국에서 일하는 사람은 대부분 태국어를 쓰곤 한다.

_____

06 당신은 의사가 시킨 대로 제시간에 약을 먹어야 합니다. 그렇지 않으면 아픈 게 낫지 않을 거예요.

_____

07 나는 비록 고양이를 좋아하지만, 동물 털 알레르기 때문에 고양이를 기르지 못해요.

_____

연습문제 정답

사음   ㄱ ก, ข, ค, ฆ

ㅅ จ, ฉ, ช, ฌ, ฎ, ฏ, ฐ, ฑ, ฒ, ด, ต, ถ, ท, ธ, ศ, ษ, ส

ㅂ บ, ป, พ, ฟ, ภ

생음   ㅁ ม   ㅇ ง   ㄴ น, ญ*, ณ, ร, ล, ฬ

Y(이) ย   W(우) ว

음가	고자음	저자음
ㅋ	ข, (ฃ)	ค, (ฅ), ฆ
ㅊ	ฉ	ช, ฌ
ㅆ	ศ, ษ, ส	ซ
ㅌ	ฐ, ถ	ฑ, ฒ, ท, ธ
ㅍ	ผ	พ, ภ
F	ฝ	ฟ
ㅎ	ห	ฮ

단어	초자음	모음	종자음	유형성조	발음
พี่	พ	ี	–	่	피-
ห้า	ห	า		้	하-

단어	초자음	모음	종자음	성조	발음
รู้	ร	◌ู		◌้	루-
ใต้	ต	ใ		◌้	따̂이
ปิ้ง	ป	◌ิ	ง	◌้	삥̂
แจ๋ว	จ	แ	ว	◌๋	째-우
เข้า	ข	เา		◌้	카̂오
ตั๋ว	ต	◌ัว		◌๋	뚜-아
เสื้อ	ส	เ◌ือ		◌้	쓰-아
เกี๋ยว	ก	เ◌ีย		◌๋	끼-아우

6강

단어	초자음	모음	종자음	성조	발음
การ	ก	า	ร	평성	까-ㄴ
ขาย	ข	า	ย	4성	카-이
ขิม	ข	◌ิ	ม	4성	킴
คุณ	ค	◌ุ	ณ	평성	쿤
ฉีด	ฉ	◌ี	ด	1성	치-ㅅ

ชุบ	ช	◌ุ	บ	3성	춥
นาย	น	า	ย	평성	나-이
มาก	ม	า	ก	2성	마-ㄱ
เรียก	ร	เ◌ีย	ก	2성	리-악
เรือ	ร	เ◌ือ	-	평성	르-아

1. ข - ค

단어	평성	1성	2성	3성	4성
고자음	-	ข่า	ข้า	-	ขา
저자음	คา	-	ค่า	ค้า	-

2. ฉ-ช

단어	평성	1성	2성	3성	4성
고자음	-	ฉี่	ฉี้	-	ฉี
저자음	ชี	-	ชี่	ชี้	-

3. ผ-พ

단어	평성	1성	2성	3성	4성
고자음	-	ผ่อ	ผ้อ	-	ผอ

저자음	พอ	-	พ่อ	พ้อ	-

4. ผ-พ

단어	평성	1성	2성	3성	4성
고자음	-	สื่อ	สื้อ	-	สือ
저자음	ซือ	-	ซื่อ	ซื้อ	-

7강

단어	발음	성조
กด	꼿	1성
คน	콘	평성
กับ	깝	1성
เล็ก	렉	3성
ล็อก	럭	3성
เชิญ	ㅊㅓㄴ	평성
ทราบ	싸-ㅂ	2성
อยาก	야-ㄱ	1성
หมายเลข	마-이 레-ㄱ	4성 2성
ครอบครัว	크러-ㅂ 크루-아	2성 평성

353

สนามบิน	ซนา-ม บิน	1성 4성 평성
กรรไกร	กัน กไรอ	평성 평성
จริง	จิง	평성
กว้าง	กว-ะ	2성
สร้าง	ซ-ะ	2성

8강

01   เช่นเดียวกันค่ะ / ครับ

02   (ด้วยความ)ยินดีครับ / ค่ะ

03   ไม่เป็นไรครับ / ค่ะ

04   กลับดี ๆ นะคะ ไว้เจอกันใหม่ครับ / ค่ะ

9강

ดิฉันชื่อ จีอิน นามสกุล อง ค่ะ ดิฉันมีชื่อไทย ชื่อไทยของดิฉัน พิณ ค่ะ

ครอบครัวของดิฉันมี 4 คนค่ะ มีคุณพ่อ คุณแม่ พี่สาว และดิฉันค่ะ

พี่สาวมีครอบครัวแล้ว เธอมีลูกชาย 1 คนค่ะ

ครอบครัวของดิฉันสบายดีค่ะ

สวัสดีครับ ผมชื่อ สมชาย นามสกุล วงศ์สว่างครับ

ชื่อเล่นของผม บอล ครับ

ผมมีครอบครัวแล้ว ครอบครัวของผมมี 5 คนครับ
มีภรรยา ลูกชาย 1 คน ลูกสาว 2 คน และผมครับ
ผมมีน้องสาว 1 คนครับ และภรรยาของผมมีพี่สาว 2 คนครับ

10강

01 ผมเป็นคนเกาหลีครับ / ดิฉันเป็นคนเกาหลีค่ะ

02 เราไม่ใช่คนไทยครับ / ค่ะ

03 ภาษาไทยง่ายครับ / ค่ะ ภาษาไทยไม่ยากครับ / ค่ะ

04 คนนี้เป็นพี่สาวของผมครับ / คนนี้คือพี่สาวของดิฉันค่ะ

05 นั่นไม่ใช่ห้องน้ำครับ / ค่ะนั่นเป็น(คือ)ห้องเรียนครับ / ค่ะ

01 ดิฉันเป็นนักศึกษา

02 ผมไม่ใช่นักศึกษา

03 ผมเป็นพนักงานบริษัท

04 นี่ไม่ใช่บริษัท

05 นั่นคือภาษาไทย

06 นั่นไม่ใช่ภาษาไทย

07 ดิฉันเรียนภาษาไทย

08 ผมไม่เรียนภาษาลาว

09 เราชอบอาหารไทย

연습문제
정답

11강

01 일반 의문문:เขาเป็นนักเรียนหรือ - ใช่ครับ เขาเป็นนักเรียน / ไม่ใช่ค่ะ
เขาไม่ใช่นักเรียน

선택 의문문:เขาเป็นนักเรียน ใช่หรือไม่ - ใช่ครับ เขาเป็นนักเรียน /
ไม่ใช่ค่ะ เขาไม่ใช่นักเรียน

02 일반 의문문:เธอชอบอาหารญี่ปุ่นไหม - ครับ
เธอชอบอาหารญี่ปุ่นครับ / ไม่ครับ
เธอไม่ชอบอาหารญี่ปุ่นครับ

선택 의문문:เธอชอบอาหารญี่ปุ่นหรือไม่ - ชอบ / ไม่ชอบ

03 일반 의문문:นั่นคือวัดพระแก้วหรือ - ใช่ / ไม่ใช่

부정 의문문:นั่นไม่ใช่วัดพระแก้วหรือ - ใช่ / ไม่ใช่

04 일반 의문문:คุณเรียนภาษาอังกฤษหรือ - เรียน / ไม่เรียน

부정 의문문:คุณไม่เรียนภาษาอังกฤษหรือ- เรียน / ไม่เรียน

12강

01 คุณทำงานอะไร / คุณทำอาชีพอะไร / อาชีพของคุณคืออะไร

02 ผมเป็นพนักงานบริษัทครับ

03 คนนั้นเป็นใคร

04 คนนั้นเป็นครูของดิฉัน / เขาเป็นครูของผม

จากสถานีรถไฟใต้ดินถึงบ้านดิฉันไปไม่ยาก ลงจากรถไฟใต้ดินแล้ว
เดินตรงไป ประมาณ 5 นาที และเลี้ยวซ้าย เดินตรงไปอีก 3 นาที
บ้านของดิฉันอยู่ข้างขวา

ผมเดินตรงไปประมาณ 10 นาทีจากป้ายรถเมล์
แล้วเลี้ยวขวาและเลี้ยวซ้าย บ้านของผมอยู่ข้างหน้า

남한 **เกาหลีใต้ (สาธารณรัฐเกาหลี)**

북한 **เกาหลีเหนือ (สาธารณรัฐประชาธิปไตยประชาชนเกาหลี)**

동남아시아 **ชาวตะวันตก**

서양 사람 **ชาวตะวันออก**

동양 사람 **เอเชียตะวันออกเฉียงใต้**

컴퓨터가 책상 위에 있다. **คอมพิวเตอร์อยู่บนโต๊ะ**

학생이 도서관 안에 있다. **นักศึกษาอยู่ในห้องสมุด**

아버지는 뚱뚱해졌다. **คุณพ่ออ้วนขึ้น**

01   จากที่บ้านถึงโรงเรียนใช้เวลาเท่าไร

02   ใช้เวลา 2 ชั่วโมงโดยรถเมล์

03   คุณเป็นลูกคนที่เท่าไร

04   ผม(ดิฉัน)เป็นลูกคนที่สอง ผม(ดิฉัน)มีพี่ชาย 1 คน

05   หนังสือเล่มนี้ราคาเท่าไร

06   เล่มละ 225 บาท

명사	수량사	명사	수량사
คน(사람)	คน	รถ(차)	คัน
ตั๋ว(표)	ใบ	แมว(고양이)	ตัว
บ้าน(집)	หลัง	ที่นั่ง(앉는자리)	ที่
รองเท้า(신발)	คู่	โทรทัศน์(ทีวี)(TV)	เครื่อง

 17강

01   คุณขึ้นรถเมล์กี่โมง

02   ผม(ดิฉัน)ขึ้นรถเมล์ตอน 8 โมง 20 นาที

03   คุณถึงบ้านกี่โมง

04   ผม(ดิฉัน)ถึงบ้าน (1) ทุ่มครึ่ง

01   14 นาฬิกา 40 นาที

       บ่าย 2 (โมง) 40 นาที

02   17 นาฬิกา

5 โมงเย็น

03 20 นาฬิกา 15 นาที

2 ทุ่ม 15 นาที

04 13 นาฬิกา

บ่าย (1) โมง

ผม(ดิฉัน)ตื่นนอน 7 โมงเช้า กินข้าวเช้า 7 โมง 20 นาที

ผม(ดิฉัน)ออกจากบ้าน 8 โมงครึ่งไปโรงเรียน

ผม(ดิฉัน)เรียนภาษาไทย 8 ชั่วโมง

ผม(ดิฉัน)ถึงบ้าน (1) ทุ่ม 40นาที กินข้าวเย็น 2 ทุ่ม และเข้านอน

5 ทุ่มครึ่ง

18강

01 เสาร์-อาทิตย์ที่แล้วคุณทำอะไร / สุดสัปดาห์ที่แล้วคุณทำอะไร

02 อีก 3 เดือนข้างหน้าคือเดือนมีนาคม

03 ปีที่แล้วผม(ดิฉัน)อยู่ในประเทศไทย / ปีที่แล้วผม(ดิฉัน)

อยู่ที่ประเทศไทย

04 ปีนี้ปี พ.ศ. อะไร

05 ปีนี้ พ.ศ. 2561

06 วันจันทร์ที่ 2 เดือนตุลาคม พ.ศ. 2560

월요일 วันจันทร์　　수요일 วันพุธ

금요일 วันศุกร์　　일요일 วันอาทิตย์

1월 มกราคม　　3월 มีนาคม

5월 พฤษภาคม　　7월 กรกฎาคม

9월 กันยายน　　11월 พฤศจิกายน

19강

01 เขาเพิ่งตื่น

02 ผม(ดิฉัน)กินข้าวกลางวันแล้ว

03 เธอสบายดี

04 ผม(ดิฉัน)จะไปประเทศไทยปีหน้า

05 ผม(ดิฉัน)เคยกินอาหารไทย

06 วันจันทร์ที่แล้ว ผม(ดิฉัน)ได้ดูหนัง

01 เขายังไม่ตื่น

02 ผม(ดิฉัน)ยังไม่ได้กินข้าวกลางวัน

03 เธอกำลังไม่สบาย

04 ผม(ดิฉัน)จะไม่ไปประเทศไทยปีหน้า

05 ผม(ดิฉัน)ไม่เคยกินอาหารไทย

06 วันจันทร์ที่แล้ว ผม(ดิฉัน)ไม่ได้ดูหนัง

20강

01 กรุณาถอดรองเท้า

02 ช่วยเล่าอาการของคุณ

03 ผม(ดิฉัน)ยังปวดท้อง

04 ผม(ดิฉัน)ไม่ต้องการยาแก้ปวด

05 เธอเป็นไข้หวัด จึงลาป่วยเมื่อวาน

06 ขอน้ำร้อนครับ(ค่ะ) ผม(ดิฉัน)ไม่อยากดื่มน้ำเย็น

21강

01 พรุ่งนี้อย่าตื่นสาย

02 กรุณาอย่าทิ้งขยะที่นี่

03 คุณพ่อต้องไปทำงานตั้งแต่เช้า

04 เราไม่ควรไปเที่ยวในวันเลือกตั้ง

05 คุณต้องกินยาวันละ 3 ครั้ง

06 เชิญตามสบาย

금연 ห้ามสูบบุหรี่
주차 금지 ห้ามจอดรถ
우회전 금지 ห้ามเลี้ยวซ้าย

22강

การกิน   ความรัก

ความสูง   การซื้อ

น่าเดิน   น่าฟัง

น่าพูด   น่าทำ

23강

01 ครูให้รางวัล(แก่)นักเรียน

02 นักเรียนได้รับรางวัลจากครู

03 ท่านได้รับบาดเจ็บจากอุบัติเหตุ

04 ผม(ดิฉัน)ไม่โดนขโมยกระเป๋า

05 เขาถามภาษาไทยผม(ดิฉัน)

06 ผม(ดิฉัน)ไม่ได้รับเชิญ

07 ผม(ดิฉัน)โดนเพื่อน ๆ หัวเราะ

08 พนักงานเติมน้ำมัน(ใน)รถ

09 ลูกค้าคนนี้ทำให้แก้วแตก

01   전치사 (~에게)

02   사동표현 (~하게 하다)

03   동사 (주다)

연습문제
정답

03 คนที่มาหาคุณเมื่อวานนั้นคือใคร

04 เด็กตั้งใจอ่านหนังสือจนสอบได้ที่หนึ่ง

05 ดิฉันคิดว่า ประเทศไทยมีธรรมชาติสวยงาม

01 นี่ภาษาไทยเรียกว่าอะไร

02 เขาทำทุกอย่างตามใจชอบ

03 เขาสั่งงานตามผู้บังคับบัญชาบอก

04 ครูทำงานหนักจนรู้สึกไม่สบาย

05 ถ้าผมรวย ผมจะซื้ออาคารหลังใหญ่

06 ถ้าเขาไม่มาตอนนี้ เขาจะขึ้นเครื่องบินไม่ทันอย่างแน่นอน

07 ที่นี่ห้ามสูบบุหรี่ หากฝ่าฝืน ตำรวจจะเรียกปรับ 2,000 บาท

26강

01 วันนี้ผมจะเลี้ยงเอง

02 ไม่ว่าประเทศไหน ก็มีทั้งคนดีและคนไม่ดี

03 ดิฉันไม่ค่อยชอบอาหารทะเลเท่าไรนัก

04 เธอออกเสียงภาษาไทยค่อนข้างชัด

05 คนที่ทำงานในประเทศไทยส่วนใหญ่มักจะใช้ภาษาไทยเป็น

06 คุณต้องกินยาเป็นเวลาตามหมอสั่ง มิฉะนั้นจะไม่หายป่วย

07 (ถึง)แม้ว่าดิฉันชอบแมว แต่ดิฉันเลี้ยงแมวไม่ได้ เพราะแพ้ขนสัตว์

가장 쉬운 독학
태국어 첫걸음

별책부록

쓰기노트

동양북스

차례

중자음 9글자

ก
꺼–까이

จ
쩌–짜–ㄴ

ฎ
더–차다–

ฏ
떠–빠딱

ด
더–덱

ต

떠 - 따오

บ

뻐 - 바이마이

ป

뻐 - 쁘르라-

อ

어 - 아-ㅇ

4

태국어 문자 쓰기연습

ข
커- 카이

ฉ
처- 칭

ฐ
터- 타-ㄴ

ถ
터- 퉁

ผ
퍼- 픙

ฝ

ฝัว(f)-ฟ้า-(f)

ศ

써-싸-ㄹ라-

ษ

써-르-씨-

ส

써-쓰-아

ห

허-히-ㅂ

ค

커-콰-이

ฅ

커-라캉

ง

응어-(ŋ)-응우-

จ

처-차-ㅇ

ฉ

써-쏘-

ฌ

เชอ-เชอ-

ญ

ยอ-หญิง

ฏ

ตอ-ปฏัก

ฐ

ถอ-ฐาน

ณ

นอ-เณร

ท

터-ㅌ-타하-ㄴ

ธ

터- 통

น

너- 누-

พ

퍼-파-ㄴ

ฟ

훠-(f)- 환(f)

ภ

퍼- 쌈파오

ม

머- 마-

ย

여- 약

ร

러- 르-아

ล

ㄹ러ㅓ-링

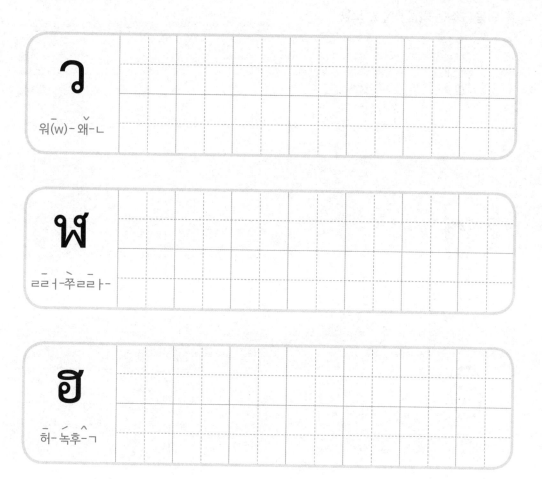

ว
워(w)-왜ˇ-ㄴ

ษ
ㄹㄹㅓ-쭈ㄹㄹㅏ-

ฮ
허-녹후-ㄱ

태국어 문자 쓰기연습

① 단음 – 장음 짝을 이루는 모음

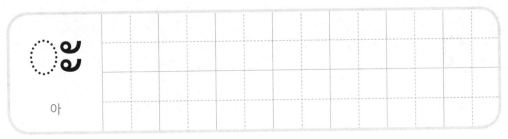

아

아 –

이

이–

으

อือ
으-

อุ
우

อุ๋
우-

เอะ
에

เอ
에-

แอะ

애

แอ

애–

โอะ

오

โอ

오–

เอาะ

어

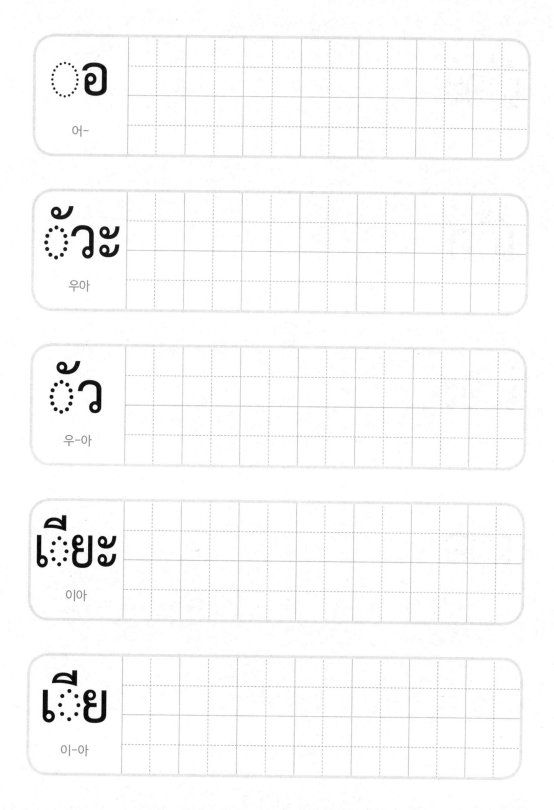

ออ
어-

อัวะ
우아

อัว
우-아

เอียะ
이아

เอีย
이-아

15

เอียะ

으아

เอือ

으-아

เออะ

으ㅓ

เออ

으ㅓ-

② 단음으로 발음하는 모음

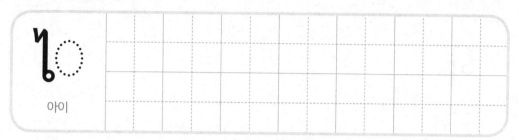

아이

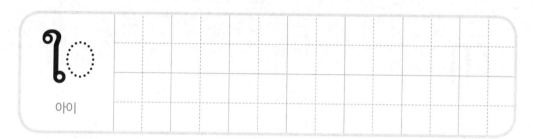

아이

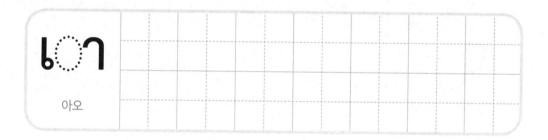

아오

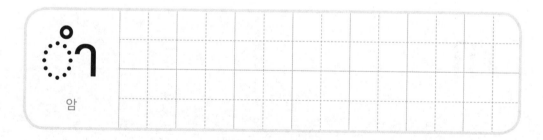

암

③ 초자음 없이 쓰이는 모음

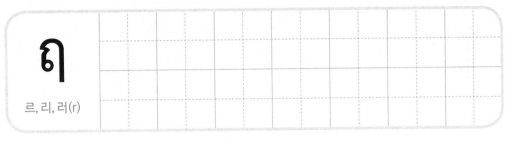

르, 리, 러(r)

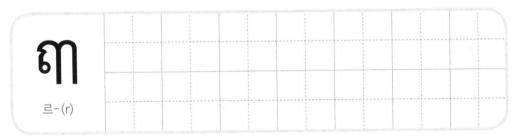

르-(r)

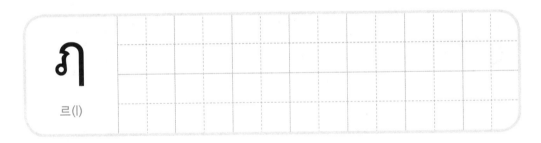

르(l)

르-(l)

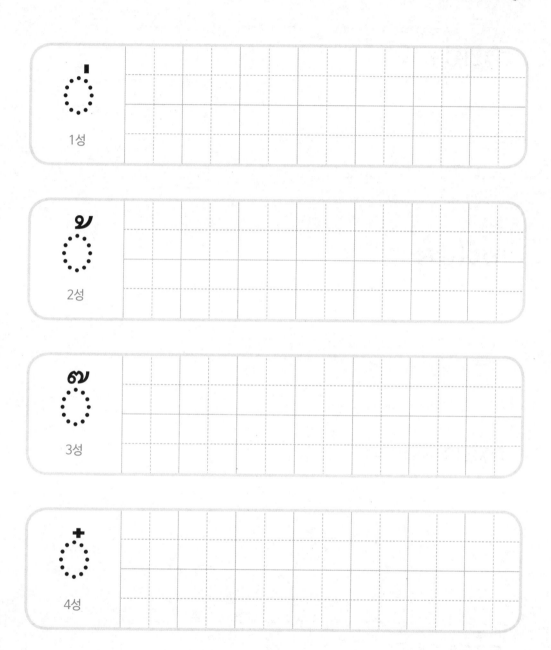

1성

2성

3성

4성

กระเป๋า 가방

กระโปรง 치마

กรุณา 정중한 요구 표현(~해주십시오)

กว้าง 넓다

กางเกง 바지

เกาหลี 한국, 한국의

ขโมย 도둑, 훔치다

ขยะ 쓰레기

ขอโทษ 미안하다, 죄송합니다

ขอบคุณ 고맙습니다, 감사합니다

เข้าใจ 이해하다

ครอบครัว 가족

คุณพ่อ อาบอยาง

คุณแม่ ออออออก

เครื่อง 도구, 물건, 기기, 기계

ใคร 누구

23

ด้วย 도 역시, 또한, ~을 가지고

ดิฉัน 나 (여성)

เดิน 걷다

เดือน 월

โดย ~통해서, ~로써

ต้องการ 원하다

ตะวันตก 서, 서쪽

ตะวันออก 동, 동쪽

ตั้งใจ 결심하다, 열심히, 고의로

ใต้ 남, 아래

ทำไม 왜

เท่าไร 얼마

ไทย 타이, 태국, 태국의

ธรรมชาติ 자연, 천연

นาฬิกา 시계, 시각

ประจำชาติ 국가의, 국영의

ประเทศ 국가, 나라

ประวัติ 역사, 이력

ปี 연, 해, ~살

เปรี้ยว 시다, 시큼하다

ผม 나(남성), 머리카락

เผ็ด 맵다

ฝ่าฝืน 위반하다, 어기다

พยายาม 노력하다, 시도하다

พัฒนา 발전하다, 발달하다, 개발하다

พี่น้อง 형제, 자매

เพราะ ~때문에, (듣기) 아름답다

เพื่อ ~을 위해

เพื่อน 친구

ภาษา 말, 언어

มี 있다(소유, 존재)

เม็ด 씨, 종자, (수량사) 알약, 보석, 작은 과일 등 세거나 지칭할 때

เยาะเย้ย
비웃다, 우롱하다, 조소하다

รสชาติ
맛

รัฐบาล
정부

ราคา
값, 가격

รางวัล 상

ลูกค้า 고객, 손님

เล็ก 작다, 조그마하다

เลี้ยง 기르다, 양육하다, 대접하다

เลือกตั้ง 선거하다

เวลา 시, 시간, 시각

สวัสดี (만나거나 헤어질 때 쓰는 인사말) 안녕, 안녕하세요

สัตว์ 동물, 가축

สั้น 짧다, 길이가 작다

สัปดาห์ 주, 일주일

สามารถ ~할 수 있다, 능력있다

สำเร็จ 완성하다, 졸업하다, 성공하다

เสื้อ 의복, 옷

หน้าต่าง 창, 창문

หวาน 달다, 감미롭다

ห้องสมุด 도서실, 도서관

หัวเราะ (소리내어) 웃다

ห้าม 금하다, 금지하다

เหนือ 북, 북쪽, 위에, 상단에

ไหน 어느, 어디

ไหม (의문조사) ~이에요?

อย่า (금지의 조동사) ~지 마라

อยาก 바라다, ~하고 싶다

อย่างไร 어떤, 어떻게

อยู่ 살다, 거주하다, 있다, 존재하다

อร่อย 맛이 좋다, 맛있다

อ้วน 살 찌다, 뚱뚱하다

อะไร 무엇, 무슨, 어느

อาชีพ 직업, 생업

อาทิตย์ 태양, 일요일, 주

อุบัติเหตุ 사고, 우발사고

태국어 초보자 필독서

가장
쉬운 **태국어**
독학 **첫걸음**

별책부록
쓰기노트

이름

가장 쉬운 독학
태국어 첫걸음

별책부록

핸드북

동양북스

차례

가장 쉬운 독학
태국어 첫걸음

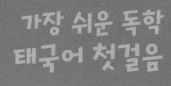

태국어 문자와 발음

ก	ข	ฃ	ค
꺼-까이	커-카이	커-쿠엇	커-콰-이
ฅ	ฆ	ง	จ
커-콘	커-라캉	응어-응우-	쩌-짜-ㄴ
ฉ	ช	ซ	ฌ
처-칭	처-차-ㅇ	써-쏘-ˆ	처-츠ㅓ-
ญ	ฎ	ฏ	ฐ
여-잉	더-차다-	떠-빠딱	터-타-ㄴ
ฑ	ฒ	ณ	ด
터-몬토-	터-푸-타오	너-네-ㄴ	더-덱
ต	ถ	ท	ธ
떠-따오	터-퉁	터-타하-ㄴ	터-통

ณ	บ	ป	ผ
너-누-	버-바이마이	뻐-쁘ㄹㄹㅏ-	퍼-픙
ฝ	พ	ฟ	ภ
풔-풔-(f)	퍼-파-ㄴ	풔-퐌(f)	퍼-쌈파오
ม	ย	ร	ล
머-마-	여-약	러-르-아	ㄹ러-링
ว	ศ	ษ	ส
워-웨-ㄴ	써-싸-ㄹ러ㅏ-	써-르-씨-	써-쓰-아
ห	ฬ	อ	ฮ
허-히-ㅂ	ㄹ러ㅓ-쭈ㄹ러ㅏ-	어-아-ㅇ	허-녹후-ㄱ

ก	꺼 - 까이
จ	쩌 - 짜-ㄴ
ฎ	더 - 차다-
ฏ	떠 - 빠딱
ด	더 - 덱
ต	떠 - 따오
บ	버 - 바이마이
ป	뻐 - 쁘ㄹㄹㅏ-
อ	어 - 아-ㅇ

ข	커 - 카이
ฉ	처 - 칭
ฐ	터 - 타-ㄴ
ถ	터 - 퉁
ผ	퍼 - 픙
ฝ	풔(f) - 퐈-(f)
ศ	써 - 싸-ㄹㄹㅏ-
ษ	써 - 르-씨-
ส	써 - 쓰-아
ห	허 - 히-ㅂ

ค	커- 콰-이
ฅ	커- 라캉
ง	응어-(ŋ)- 응우-
ช	처- 차-ㅇ
ซ	쩌- 쏘-
ฌ	처- 츠ㅓ-
ญ	여- 잉
ฏ	터- 몬토-
ฒ	터- 푸-타오
ณ	너-네-ㄴ

ท	ฅ- 타하-ㄴ
ธ	터- 통
น	너- 누-
พ	퍼- 파-ㄴ
ฟ	훠(f)- 환(f)
ภ	퍼- 쌈파오
ม	머- 마-
ย	여- 약
ร	러- 르-아
ล	ㄹㄹㅓ- 링

ว	워(w)-왜‾-ㄴ
ฬ	ㄹㄹㅓ‾-쭈‾ㄹㄹㅏ‾-
ฮ	허‾-녹‾후^-ㄱ

태국어 저자음 짝음자음

음가	고자음	저자음
ㅋ	ข, (ฃ)	ค, (ฅ), ฆ
ㅊ	ฉ	ช, ฌ
ㅆ	ศ, ษ, ส	ซ
ㅌ	ฐ, ถ	ฑ, ฒ, ท, ธ
ㅍ	ผ	พ, ภ
f	ฝ	ฟ
ㅎ	ห	ฮ

11

구분	종자음 음가	해당 자음
사음	ㄱ	ก, ข, ค, ฆ
	ㅅ	จ, ช, ซ, ฌ, ญ, ฎ, ฏ, ฐ, ฑ, ฒ, ด, ต, ถ, ท, ธ, ศ, ษ, ส
	ㅂ	บ, ป, พ, ฟ, ภ
생음	ㅇ	ง
	ㅁ	ม
	ㄴ*	น, ญ, ณ, ร, ล, ฬ
	이(y)*	ย
	우(w)*	ว

단음	발음	장음	발음
◌ะ	아	◌า	아-
◌ิ	이	◌ี	이-
◌ึ	으	◌ือ	으-
◌ุ	우	◌ู	우-
เ◌ะ	에	เ◌	에-
แ◌ะ	애	แ◌	애-

โ◌ะ	오	โ◌	오-
เ◌าะ	어	◌อ	어-
◌ัวะ	우아	◌ัว	우-아
เ◌ียะ	이아	เ◌ีย	이-아
เ◌ือะ	으아	เ◌ือ	으-아
เ◌อะ	으ㅓ*	เ◌อ	으ㅓ-*
ไ◌	아이*	ใ◌	아이*

เา	아오*	ำ	암*
ฤ	르,리,러(r)	ฤๅ	르-(r)
ฦ	르(l)	ฦๅ	르-(l)

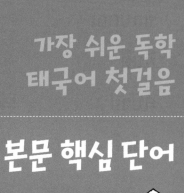

가장 쉬운 독학
태국어 첫걸음

본문 핵심 단어

- **ขอโทษ** 커̌-토-ㅅ̂   사죄하다, 빌다, 용서를 구하다, 죄송합니다

- **ขอบคุณ** 커̌-ㅂ 쿤   감사하다

- **ยินดี** 인디-   기뻐하다

- **สบาย** 싸바-이   편안하다, 안락하다, 평안하다

- **สวัสดี** 싸왓디-   만나거나 헤어질 때 쓰는 인사말

- **ครอบครัว** 크러-ㅂ 크루-아   가족

- **คุณพ่อ** 쿤퍼-   아버지

- **คุณแม่** 쿤매-   어머니

- **พี่** 피-   손윗 형제, 자매

- **น้อง** 너-ㅇ   손아래 형제, 자매

- **พี่น้อง** 피-너-ㅇ   형제 자매

- **ลูก** 루-ㄱ   자녀

- **ผม** 폼   나 (남성)

- **ดิฉัน** 디찬   나 (여성)

- [ ] **เกาหลี** 까올리- (까오ㄹㄹㅣ-)   한국

- [ ] **ไทย** 타이   태국, 태국의

- [ ] **ประเทศ** 쁘라테-ㅅ   국가

- [ ] **เป็น/คือ** 뻰/크-   ~이다

- [ ] **ภาษา** 파-싸-   언어

- [ ] **ไม่** 마이   ~이 아니다.
~이 아닌 (동사, 형용사의 부정)

☐ **หรือ** 르- ~요? ~이요? (일반 의문문)

☐ **ไหม** 마이 ~요? ~이요? (일반 의문문)

☐ **ไม่ใช่...หรือ** 마이 차이 르- ~아닌가요? (부정 의문문)

ไม่...หรือ 마이 ... 르-

21

□ **ใคร** 크라이   누구, 어떤 사람

□ **อะไร** 아라이   무엇, 무슨

□ **ทำ** 탐   하다

□ **งาน** 응아-ㄴ   일

□ **อาชีพ** 아-치-ㅂ   직업

□ **ทำไม** 탐마이   왜

□ **อย่างไร** 야ㅇ아라이   어떻게

□ **เพราะ** 프러   ~때문에(단독으로 쓰일 때), 그러므로,
                         그래서 (จึง쯩과 함께 쓰일 때)

□ **จึง** 쯩   그러므로, 그래서 (*주어 뒤에 위치)

□ **เพื่อ** 프ㅡ아   ~위하여

□ **โดย** 도ㅡ이   ~을(를) 타고, ~통해서, ~을 써서

□ **ด้วย** 두ㅡ아이   ~로(써), ~을 가지고

□ **เป็น** 뻰   ~로서, ~로

□ **กับ** 깝   ~와 (A กับ B의 형태로 활용)

□ **กัน** 깐   서로 함께 한다는 것을 의미(동사 + (목적어)
                         + กัน 혹은 ด้วยกัน의 형태로 활용)

□ **อยู่** 유- 있다 (존재)

□ **มี** 미- 있다 (소유)

□ **ที่** 티- ~에, ~에서

□ **ไหน** 나이 어디, 어느

☐ **ใน** 나이 안

☐ **นอก** 너-ㄱ 밖

☐ **ใต้** 따이 아래

☐ **บน** 본 위

☐ **เหนือ** 느-아 북

☐ **ใต้** 따이 남

☐ **ตะวันออก** 따완 어-ㄱ 동

☐ **ตะวันตก** 따완 똑 서

☐ **เข้า** 카오 들어가다

☐ **ออก** 어-ㄱ 나가다

□ **ขึ้น** 올라가다, 타다

□ **ลง** 롱 내려가다, 내리다

- **เท่าไร** 타오라이   얼마

- **กี่** 끼-   몇

- **ราคา** 라-카-   가격

- **บาท** 바-ㅅ   바트 (태국 화폐 단위)

- **สตางค์** 싸따-ㅇ   싸땅(태국 화폐 단위)

□ **นาฬิกา** 나-ㄹㄹ|까-   시계, 시(時)

□ **นาที** 나-티-   분

□ **วินาที** 위나-티-   초

□ **เวลา** 웨-ㄹ라-   시, 시간, 시각, (접속사) ~할 때

□ **เมื่อ** 므-아   (전치사) 때(時), (접속사) ~할 때

□ **ตอน** 떠-ㄴ   (전치사) 때(時), 나절

- **สัปดาห์** 쌉다-   주(週), 일주일

- **อาทิตย์** 아-팃   주(週), 일주일

- **เดือน** 드-안   월

- **ปี** 삐-   년, 해, 세

- **หน้า** 나-   다음의, 앞, 앞쪽

- **ที่แล้ว** 티- 래-우   지나간, 지난

□ **เคย** 크ㅓ-이   ~해 본 적이 있다

□ **ได้** 다이   (과거 조동사) ~이었다, ~했다

□ **แล้ว** 래-우   (과거 조동사) ~이 끝난, 완료된, 마친, 종결한

□ **กำลัง** 깜랑   (현재진행 조동사) ~하는 중이다

□ **อยู่** 유-   (현재진행 조동사) ~하는 중이다

□ **จะ** 짜   (미래 조동사) ~할 것이다

□ **กำลังจะ** 깜랑 짜   (미래 조동사) ~하려고 하는 중이다, ~하려던 참이다

□ **กรุณา** 까루나-   (조동사) ~해주십시오

□ **ขอ** 커-   (조동사) ~해주세요, ~주세요

□ **อยาก** 야-ㄱ   (조동사) ~하고 싶다

□ **ต้องการ** 떠-ㅇ까-ㄴ   (조동사, 동사) ~하고 싶다, 원하다

□ **ป่วย** 뿌-아이   병이 나다, 아프다

□ **ปวด** 뿌-앗   아프다, 통증이 있다. (막연하게 한 부분이) 아프다

□ **เจ็บ** 쩹   (분명하게 한 부분이) 아프다, (상처・수술 등으로) 아프다

31

□ **ห้าม** 하-ㅁ   ~금지, 금지한다

□ **อย่า** 야-   ~하지 말아라

□ **ต้อง** 떠-ㅇ   ~해야만 한다

□ **ควร** 쿠-안   ~해야만 한다

□ **เชิญ** 츠ㅓ-ㄴ   아무쪼록, 부디, 어서

□ **สามารถ** 싸̆-마̂-ㅅ   ~할 수 있다

□ **ได้** 다̂이   (조동사) ~할 수 있다
          (일반적인 능력, 상황의 가능)

□ **เป็น** 뻰   (조동사) ~할 수 있다
          (선천적으로 혹은 습득하여 할 수 있다)

□ **ไหว** 와̆이   (조동사) ~할 수 있다
          (신체적, 상황적으로 아직 더 할 수 있다)

□ **ลอง** 러̂-ㅇ   ~을 시도하다, 해보다

□ **การ** 까̄-ㄴ   (접두사) 동사의 명사화

□ **ความ** 콰̄-ㅁ   (접두사) 동사, 형용사의 명사화

□ **น่า** 나̂-   (접두사) ~할 만한, ~할 가치가 있다

□ **(ทำ)ให้** (탐)하이   (사동) ~하게 하다

□ **ถูก** 투-ㄱ   (피동) ~을 당하다, 받다

□ **โดน** 도-ㄴ   (피동) ~을 당하다, 받다

□ **ได้รับ** 다이랍   (피동) ~을 받다

□ **กว่า** 꽈-   ~보다도, ~이상의

□ **ที่สุด** 티-쑷   가장, 제일

□ **เหมือน** 므-안   ~와 같다

□ **เท่า** 타오   동등하다

□ **กับ** 깝   ~와(과)

□ **กัน** 깐   서로에게, 서로의, 서로를,
                          서로 함께 ~하다(동사 뒤에 첨가)

□ **และ** 래   ~과, 그리고

□ **หรือ** 르-   혹은, 또는, ~(이)나

□ **แต่** 때-   그러나, 그렇지만, 그런데

- **ที่** 티-   ~한, ~인

- **ซึ่ง** 쏭   ~한, ~인

- **ว่า** 와-   ~같이, ~라고

- **จน** 쫀   ~할 정도로, ~에 이를 때까지

- **ตาม(ที่)** 따-ㅁ (티-)   ~대로, ~처럼

- **ถ้า** 타- **/ หาก** 하-ㄱ   만약, 만일, 만약 ~이라면(하면)

□ **(ถึง)แม้(ว่า)** (틍) 매- (와-)　　비록 ~일지라도, ~조차

□ **ไม่ว่า** 마^이 와-　　~구분이 없이, ~을 막론하고

□ **มิฉะนั้น** 미차난　　그렇지 않으면

□ **ไม่ค่อย** 마^이 커^-이　　그다지 ~하지 않다

□ **ค่อนข้าง** 커^-ㄴ카^-ㅇ　　비교적 ~하다, 상당히 ~하다

□ **มักจะ** 막짜　　곧잘, 종종, ~하곤 하다

Memo

Memo

Memo